Investigação filosófica sobre a origem de nossas ideias do Sublime e da Beleza

O livro é a porta que se abre para a realização do homem.

Jair Lot Vieira

Edmund Burke

Investigação filosófica sobre a origem de nossas ideias do Sublime e da Beleza

Tradução, introdução e notas
DANIEL MOREIRA MIRANDA
Formado em Letras pela USP
e em Direito pela Universidade Mackenzie.

Copyright da tradução e desta edição © 2016 by Edipro Edições Profissionais Ltda.

Título original: *A Philosophical Enquiry into the Origin of our Ideas of the Sublime and Beautiful* Traduzido a partir da 2ª edição, publicada em Londres por R. e J. Dodsley em 1759.

Todos os direitos reservados. Nenhuma parte deste livro poderá ser reproduzida ou transmitida de qualquer forma ou por quaisquer meios, eletrônicos ou mecânicos, incluindo fotocópia, gravação ou qualquer sistema de armazenamento e recuperação de informações, sem permissão por escrito do editor.

Grafia conforme o novo Acordo Ortográfico da Língua Portuguesa.

1ª edição, 1ª reimpressão 2021.

Editores: Jair Lot Vieira e Maíra Lot Vieira Micales
Coordenação editorial: Fernanda Godoy Tarcinalli
Editoração: Alexandre Rudyard Benevides
Revisão: Ana Paula Luccisano
Diagramação: Fabiana Amaral e Karine Moreto Massoca
Imagem da capa: Gravura de 1834 com o filósofo irlandês Edmund Burke (traveller1116 / iStockphoto)

Dados Internacionais de Catalogação na Publicação (CIP)
(Câmara Brasileira do Livro, SP, Brasil)

Burke, Edmund, 1729?-1797
   Investigação filosófica sobre a origem de nossas ideias do sublime e da beleza / Edmund Burke ; tradução, introdução e notas de Daniel Moreira Miranda. – São Paulo : Edipro, 2016.

   Título original: A Philosophical Enquiry into the Origin of our Ideas of the Sublime and Beautiful.

   ISBN 978-85-7283-964-8

   1. Estética – Obras anteriores a 1800 2. Sublime – Obras anteriores a 1800 I. Título.

15-11024   CDD-111.85

Índice para catálogo sistemático:
1. Sublime e beleza : Investigação filosófica : Filosofia : 111.85

São Paulo: (11) 3107-7050 • Bauru: (14) 3234-4121
www.edipro.com.br • edipro@edipro.com.br
@editoraedipro   @editoraedipro

Sumário

Introdução 11
  Cronologia 11
  Vida 13
  A *Investigação filosófica* 17
  O texto 21

Investigação filosófica sobre a origem de nossas ideias do Sublime e da Beleza

Prefácio da primeira edição 23
Prefácio da segunda edição 25
Introdução sobre o Gosto 29

Parte I 45
  Seção I – Novidade 45
  Seção II – Dor e prazer 46
  Seção III – A diferença entre a remoção da dor
    e o prazer positivo 47
  Seção IV – Deleite e prazer, em oposição um ao outro ... 49

Seção V – Alegria e pesar 50

Seção VI – As paixões que pertencem
à autopreservação 51

Seção VII – O sublime 52

Seção VIII – As paixões que pertencem à sociedade 52

Seção IX – Causa final da diferença entre
as paixões pertencentes à autopreservação
e aquelas que consideram a sociedade dos sexos 53

Seção X – A beleza 54

Seção XI – Sociedade e solidão 55

Seção XII – Simpatia, imitação e ambição 56

Seção XIII – Simpatia 56

Seção XIV – Os efeitos da simpatia sobre
as angústias dos outros 57

Seção XV – Os efeitos da tragédia 58

Seção XVI – Imitação 59

Seção XVII – Ambição 60

Seção XVIII – Recapitulação 61

Seção XIX – Conclusão 62

Parte II 65

Seção I – A paixão causada pelo sublime 65

Seção II – Terror 65

Seção III – Obscuridade 66

Seção IV – A diferença entre clareza e obscuridade
no que diz respeito às paixões 68

Seção [IV] – Continuação do mesmo assunto 68

Seção V – Poder 72

Seção VI – Privação	77
Seção VII – Vastidão	78
Seção VIII – Infinito	79
Seção IX – Sucessão e uniformidade	80
Seção X – Magnitude na arquitetura	82
Seção XI – Infinitude dos objetos agradáveis	82
Seção XII – Dificuldade	83
Seção XIII – Magnificência	83
Seção XIV – Luz	85
Seção XV – Luz na arquitetura	86
Seção XVI – A cor como produtora do sublime	87
Seção XVII – Som e volume	87
Seção XVIII – Subitaneidade	88
Seção XIX – Intermitência	88
Seção XX – Os gritos dos animais	89
Seção XXI – Olfato e paladar: amargores e fedores	90
Seção XXII – Tato – Dor	91
Parte III	93
Seção I – A beleza	93
Seção II – Proporção não é a causa da beleza dos vegetais	94
Seção III – Proporção não é a causa da beleza dos animais	96
Seção IV – Proporção não é a causa da beleza dos humanos	97
Seção V – Outras considerações sobre a proporção	101
Seção VI – Adequação não é a causa da beleza	103

Seção VII – Os reais efeitos da adequação 105
Seção VIII – Recapitulação 107
Seção IX – A perfeição não é a causa da beleza 108
Seção X – A medida em que a ideia de beleza pode ser aplicada às qualidades da mente 108
Seção XI – A medida em que a ideia de beleza pode ser aplicada à virtude 109
Seção XII – A causa real da beleza 110
Seção XIII – Beleza dos objetos pequenos 110
Seção XIV – Suavidade 111
Seção XV – Variação gradual 112
Seção XVI – Delicadeza 113
Seção XVII – Beleza nas cores 113
Seção XVIII – Recapitulação 114
Seção XIX – Fisionomia 114
Seção XX – O olho 115
Seção XXI – Feiura 115
Seção XXII – Graça 115
Seção XXIII – Elegância e objetos vistosos 116
Seção XXIV – A beleza no tato 116
Seção XXV – Beleza nos sons 118
Seção XXVI – Paladar e olfato 119
Seção XXVII – Comparação entre o sublime e a beleza ... 120

Parte IV 121
Seção I – A causa eficiente do sublime e da beleza 121
Seção II – Associação 122
Seção III – Causa da dor e do medo 123

Seção IV – Continuação 124
Seção V – Como o sublime é produzido 125
Seção VI – A dor pode ser causa de deleite 125
Seção VII – O exercício é necessário para os órgãos
  mais delicados 126
Seção VIII – Por que as coisas não perigosas às vezes
  produzem uma paixão como o terror 127
Seção IX – Por que os objetos visuais de grandes
  dimensões são sublimes 127
Seção X – Por que a unidade é requisito da vastidão ... 128
Seção XI – O infinito artificial 129
Seção XII – As vibrações devem ser similares 130
Seção XIII – Explicação dos efeitos da sucessão
  em objetos visuais 130
Seção XIV – Consideração sobre a opinião de Locke
  em relação à escuridão 132
Seção XV – A escuridão é terrível em sua própria
  natureza 133
Seção XVI – Por que a escuridão é terrível 134
Seção XVII – Os efeitos da obscuridade 135
Seção XVIII – Os efeitos da obscuridade moderada 137
Seção XIX – A causa física do amor 137
Seção XX – Por que a suavidade é bela 139
Seção XXI – Doçura, sua natureza 139
Seção XXII – A doçura é relaxante 141
Seção XXIII – Por que a variação é bela 142
Seção XXIV – Sobre a pequenez 143
Seção XXV – A cor 145

Parte V 147
   Seção I – As palavras 147
   Seção II – O efeito comum da poesia, não por incitar as ideias de coisas 147
   Seção III – Palavras gerais antes das ideias 149
   Seção IV – Efeito das palavras 150
   Seção V – Exemplos de que as palavras podem afetar sem construir imagens 151
   Seção VI – Poesia não é estritamente uma arte imitativa 155
   Seção VII – Como as palavras influenciam as paixões 156

Introdução

Cronologia[1]

1729   Nascimento de Burke em Dublin, 12 de janeiro.

1735-1740   Vive com os parentes da mãe na zona rural do Condado de Cork.

1741-1744   Frequenta a escola Quaker de Abraham Shackleton em Kildare.

1744-1748   Frequenta o Trinity College, Dublin.

1750   Muda-se para Londres para estudar Direito em Inns of Court, abandona o curso por uma carreira literária.

1756   Publica *Defesa da sociedade natural* (*A Vindication of Natural Society*), uma sátira sobre o pensamento de políticos e religiosos do Iluminismo.

1757   Publica *Investigação filosófica sobre a origem de nossas ideias do Sublime e da Beleza*, um ensaio em estética. Casa-se com Jane Nugent. É coautor em *Relato sobre os assentamentos europeus* (*An Account of the European Settlements*).

1758   Nascimento de Richard Burke Jr. Torna-se editor da revista *The Annual Register*.

1761   Retorna para a Irlanda como secretário de William Gerard Hamilton. Começa, mas sem terminar, os *Tratados relativos às leis contra o papismo na Irlanda*.

---

1. Fonte: *Select Works of Edmund Burke. A New Imprint of the Payne Edition*. Prefácio e Notas Bibliográficas por Francis Canavan (Indianapolis: Liberty Fund, 1999, v. 2.). Disponível em: http://oll2.libertyfund.org/titles/656. Acesso em: 6 jun. 2016.

1764 Retorna a Londres e rompe com Hamilton. Torna-se membro do The Literary Club, com Johnson, Reynolds, Goldsmith e outros.

1765 Torna-se secretário particular do marquês de Rockingham. Jorge III nomeia relutantemente Rockingham como primeiro-ministro. Burke é eleito para a Câmara dos Comuns do Condado de Wendover.

1766 Rockingham é dispensado como primeiro-ministro depois de conseguir revogar a lei do selo, que inflamou as colônias americanas.

1768 Burke compra uma propriedade em Buckinghamshire.

1770 Publica *Pensamentos sobre a causa dos descontentamentos atuais*, o credo político dos Whigs de Rockingham.

1771 Torna-se agente parlamentar da colônia de Nova Iorque.

1773 Visita a França.

1774 Eleito membro do Parlamento pela cidade de Bristol, oferece o clássico discurso sobre a independência dos representantes do Parlamento. Faz seu *Discurso sobre a tributação americana*, criticando a política britânica de impostos em relação às colônias.

1775 Faz seu *Discurso sobre a conciliação com as colônias*.

1780 Retira-se das eleições em Bristol por causa da oposição. É eleito membro do Parlamento pelo Condado de Malton por meio da influência de Rockingham. *Discurso sobre a reforma econômica* defende a política Whig de reduzir a influência do rei no Parlamento.

1782 Rockingham foi novamente nomeado primeiro-ministro para dar fim à guerra com os Estados Unidos. Burke torna-se Tesoureiro das Forças. Morte de Rockingham.

1783 Os Whigs de Rockingham, liderados por Charles James Fox, formam um governo em coalizão com Lord North. Burke, novamente tesoureiro, faz o *Discurso sobre o Projeto de Lei de Fox a respeito da Índia Oriental*, atacando o governo da Índia pela Companhia das Índias Orientais. A coalizão perde o poder e é substituída pelo ministério mais jovem de William Pitt (Tory), deixando os Whigs sem energia para o resto da vida de Burke.

1786 Burke entra com o pedido de *impeachment* de Warren Hastings, governador-geral de Bengala nomeado pela Companhia.

1788 Início do julgamento de Hastings, liderado por Burke.

1789 Início da Revolução Francesa.

1790   Em novembro, publica *Reflexões sobre a Revolução na França*.

1791   Rompe com Fox, líder dos antigos Whigs de Rockingham, por causa da Revolução Francesa. Publica *Carta para um membro da Assembleia Nacional* [da França], *Apelo dos novos aos velhos Whigs* e *Pensamentos sobre a França*.

1793   Guerra entre a Grã-Bretanha e a França. Burke critica a falha em prosseguir a guerra de forma vigorosa em *Observações sobre a conduta do ministério* e *Notas sobre a política dos Aliados*.

1794   Fim do processo acusatório de Hastings; Burke se aposenta do Parlamento. Morte do filho de Burke.

1795   Hastings é absolvido. Publica *Pensamentos e detalhes sobre a escassez*.

1796   Burke defende sua vida pública em *Carta a um nobre senhor*.

1796-1797   *Cartas sobre uma paz regicida* protesta a disposição britânica para fazer a paz com a França revolucionária.

1797   Burke morre em 9 de julho.

Vida

Na edição de 1803 das obras de Burke (*Works*, v. 1, p. xx-xxi), French Laurence e Walker King (Eds.) dizem: "O período em que ele floresceu foi um dos mais memoráveis de nossa história". O período compreende a aquisição de um império no Leste, a perda de outro no Oeste e a total subversão do antigo regime da Europa pela Revolução Francesa; e sua vida está conectada necessária e intimamente com todos esses eventos; bem como está também ligada, muito mais do que se imagina, à literatura e às belas-artes.

Burke, filho de um próspero advogado, nasceu em 1729 em Arran Quay, Dublin, então parte do Império Britânico, e depois frequentou a escola dirigida por um Quaker de Yorkshire, Abraham Shackleton, em Ballitore, no Condado de Kildare. Sua educação universitária foi iniciada no Trinity College, em Dublin, e, em 1750, seguiu para o Middle Temple, em Londres, com o objetivo de qualificar-se para o exame de advocacia. Burke não seguiu a carreira jurídica. Destacou-se como escritor e fez carreira na política.

Casou-se em 1756 e teve um filho em 1758.

Dentre os seus primeiros textos, temos a *Defesa da sociedade natural*[2] (1756) e a *Investigação filosófica sobre a origem de nossas ideias do Subli-*

---

2.   BURKE, Edmund. *A Vindication of Natural Society*, 1756.

me e da Beleza (1757). Eram obras pequenas, mas que introduziram Burke na cena literária de Londres. Logo em seguida, foi coautor de *Relato sobre os assentamentos europeus*[3] e começou seu *Resumo da história inglesa*[4]. Em 1758, ele fez um contrato com o livreiro Dodsley, que durou pelo menos até 1765, para produzir a revista *Registro Anual*[5], tendo escrito a história política do ano de 1759 em seu primeiro volume. Ele recebia 100 libras por ano por esse trabalho, valor insuficiente para manter sua vida. No mesmo ano, foi nomeado secretário particular de um membro do Parlamento, William Gerard Hamilton. Em 1761, Hamilton foi nomeado secretário chefe da Irlanda e Burke o acompanhou a Dublin. Um desacordo sobre a liberdade que Burke desejava ter para seus próprios projetos levou-o, no início de 1765, a deixar Hamilton; mas alguns meses mais tarde, Burke encontrou um novo patrono, o marquês de Rockingham, o líder de um grupo de Whigs (grupo que representava as tendências liberais na época, opunha-se ao grupo conservador, Tory) que estava pressionando o rei para que este fizesse valer a independência da Câmara dos Comuns em relação ao monarca. Burke tornou-se secretário particular de Rockingham (uma posição que manteria por dezessete anos), e por meio da filiação ao partido de Rockingham, tornou-se um membro do Parlamento do Condado de Wendover. Burke, que sempre foi uma figura proeminente e, às vezes, bastante persuasiva, fez muitos discursos parlamentares. Ele publicou versões de alguns deles, a saber, *Sobre a tributação americana*[6], *Conciliação com a América*[7] e *O Projeto de Lei de Fox sobre as Índias Orientais*[8]. De acordo com Ian Harris, "esses discursos impressos, embora ancorados a ocasiões específicas e certamente pretendendo obter um efeito prático na política britânica, também carregavam o pensamento de Burke de forma durável. A esse respeito, eles podem ser comparados com seus *Pensamentos sobre a causa dos atuais descontentamentos*[9] e *Reflexões sobre a Revolução na França*[10], entre outros textos não oratórios[11]."

---

3. BURKE, Edmund. *An Account of the European Settlements*, 1757.
4. *Id. An Abridgement of English History*, c. 1757-1762.
5. *Annual Register.*
6. BURKE, Edmund. *On American Taxaxion*, 1774.
7. *Id. Conciliation with America*, 1775.
8. *Id. Fox's East India Bill*, 1783.
9. BURKE, Edmund. *Thoughts on the Cause of the Present Discontents*, 1770.
10. *Id. Reflections on the Revolution in France*, 1790.
11. HARRIS, Ian. "Edmund Burke", *The Stanford Encyclopedia of Philosophy* (Spring 2012 Edition), Edward N. Zalta (ed.). Disponível em: http://plato.stanford.edu/archives/spr2012/entries/burke/. Acesso em: 6 jun. 2016.

Durante seus anos em Bristol, de 1774 a 1780, Burke se destacou como defensor do livre comércio com a Irlanda, da liberalização das leis que controlavam a prisão por dívidas e da revogação das deficiências jurídicas dos católicos – todas posições impopulares em uma cidade protestante e mercantil[12].

Em março de 1782, Burke foi nomeado Tesoureiro das Forças no segundo Ministério de Rockingham – este seria o cargo mais elevado da vida de Burke, o qual teve curta duração por causa da morte do primeiro-ministro em julho daquele mesmo ano. Após esses quatro meses, Burke não deixou de ser uma figura importante, e passou a ser conselheiro de Charles Fox, líder político popular 20 anos mais jovem que ele. Fox começou sua carreira como conservador e, mais tarde, tornou-se líder do grupo de Whigs remanescentes de Rockingham. Ele construiu uma aliança política com Lorde North, o ministro que presidiu a guerra americana, e, em 1783, lançou uma proposta conjunta com North sobre o governo da Índia. Nesse momento, para obter apoio, Burke fez seu *Discurso sobre o Projeto de Lei de Fox a respeito da Índia Oriental*, que recontava a história da Índia britânica e pedia uma reforma sistemática do Império. O projeto de Fox colocaria os funcionários da Companhia das Índias Orientais sob controle parlamentar; no entanto, a rejeição do plano pela Câmara dos Comuns precipitou a queda da coligação Fox–North. Burke, em resposta, fez um discurso em que pedia o *impeachment* de Warren Hastings, que ocupava o cargo de governador da Índia pela Companhia. Ele levou seu partido com ele – Fox, Sheridan e outros – e, tendo assegurado o apoio parcial do primeiro-ministro William Pitt, a Câmara dos Comuns deu início ao julgamento de Hastings perante o tribunal da Câmara dos Lordes. O processo estendeu-se de 1788 a 1795, e terminou com a absolvição de todas as acusações feitas a Hastings pela Câmara dos Lordes.

Em novembro de 1790, Burke publica um texto contra a Revolução Francesa. *Reflexões sobre a Revolução na França* foi seu primeiro e mais influente panfleto, e provocaria, no final da década, mais de 100 respostas e, em maio de 1791, causaria a separação de alguns dos seus colegas de partido pela discordância sobre o significado da Revolução. Burke advertiu contra uma grande mudança no espírito da sociedade aristocrática para as maneiras democráticas e da autoridade de uma antiga nobreza dona de terras para a autoridade de uma classe comercial móvel. Defendia os sentimentos

---

12. BROMWICH, David. *The Intellectual Life of Edmund Burke from the Sublime and Beautiful to American Independence*. Londres: The Belknap Press of Harvard University Press, 2014. p. 3.

naturais, como a adoração pela Igreja estabelecida e a nobreza hereditária. Contra a sociedade baseada no contrato, ele ofereceu a sua visão de uma sociedade enraizada na confiança – "uma parceria não só entre aqueles que estão vivendo, mas também entre aqueles que estão vivos, aqueles que estão mortos e aqueles que irão nascer". Burke acreditava que o advento da democracia iria destruir a ideia de uma sociedade humana espalhada ao longo de gerações. Ele deu suas razões para apoiar o seu medo de que a democracia nunca poderia corrigir os erros que "o povo", ao receber o poder sem contrapesos, cometeria em uma escala nova e aterrorizante. Com sua ampla exposição de princípios políticos e sua narrativa dramática da crise, as *Reflexões* fizeram mais do que qualquer outro livro para criar a Revolução Francesa como um evento histórico mundial para a mente da Europa.

O ataque de Burke aos revolucionários da França também foi um ataque a seus aliados na Inglaterra. Isso dividiu o partido Whig; e, em 1791, após uma disputa amarga com Fox na Câmara dos Comuns, Burke passou para o lado do governo.

Depois disso, também ajudado pela reviravolta de 1792-1793, tornou-se um comentarista de política interna e assuntos internacionais (em grande parte, independente) em seu *Apelo dos novos para os velhos Whigs*[13], *Cartas sobre uma paz regicida*[14] e *Uma carta a um nobre senhor*[15]. Burke, em seus últimos anos, especialmente a partir de 1792, voltou sua atenção para a sua terra natal, a Irlanda. Ele não conseguiu fundar uma dinastia política, nem deixou nenhuma escola duradoura na política parlamentar: o último político que pode, de forma plausível, ser considerado seu discípulo, é o destinatário da *Carta para William Elliot*[16], onde fez um apaixonado apelo pelos direitos dos católicos na Irlanda. Morreu em 1818. Conforme observado por Sidgwick, "embora Burke viva, não existem seguidores"[17]. As *Cartas sobre uma paz regicida* de 1796 procuraram justificar e instigar uma guerra contrarrevolucionária contra a França. Burke também não legou uma herança simples para qualquer partido político ou qualquer marca ideológica do pensamento, apesar de muitos terem tentado apropriar-se dele total ou parcialmente. As dificuldades que podem ser encontradas para a coloni-

---

13. BURKE, Edmund. *An Appeal from the New to the Old Whigs*, 1791.
14. Id. *Letteres on a Regicide Peace*, 1795-1797.
15. Id. *A Letter to a Noble Lord*, 1796.
16. Id. *Letter to William Elliot*, 1795.
17. SIDGWICK, H. *Essays on Ethics and Method*. Marcus G. Singer (ed.). Oxford: Clarendon Press, 2000. p. 195.

zação de seu pensamento podem ser notadas por meio do relato que enfatize seus aspectos filosóficos. Ele morreu sozinho em 1797.

A *Investigação filosófica*

A primeira tentativa abrangente de pesquisar o funcionamento da mente após Aristóteles pode ser encontrada no *Ensaio sobre o entendimento humano*, de Locke (1690). O ensaio tenta provar a inexistência de ideias inatas, estabelecendo que nascemos sem nada saber, e que o conhecimento é estabelecido pela experiência. Para Locke apenas o particular tem valor e, sendo um sensualista, crê que os conhecimentos são obtidos pelos sentidos. Seu livro promoveu um intenso interesse em epistemologia, psicologia e ética. A *Investigação filosófica sobre a origem de nossas ideias do Sublime e da Beleza* (1757) enfatiza a atividade da mente em construir ideias e a influência delas na conduta humana. Foi, em primeiro lugar, um exercício de esclarecimento das ideias, tendo em vista as maneiras por meio das quais as artes afetam as paixões: em outras palavras, o refinamento das ideias complexas foi visto como condição prévia para o refinamento da prática.

A investigação cataloga diferentes noções que podem ser consideradas belas ou sublimes. *Seu propósito é afirmado no prefácio.* Ele diz que, ao olharmos as causas físicas de nossas emoções e pensamentos, podemos estar mais bem preparados para analisar as mesmas causas físicas por meio da ciência objetiva.

Para tanto, na segunda edição, na "Introdução sobre o Gosto", Burke o define como a "faculdade, ou faculdades, da mente que são afetadas pelas obras da imaginação e das belas-artes ou que formam um juízo das mesmas". Em seguida estabelece seu objetivo: descobrir se existem princípios que afetam a imaginação e que são tão comuns, tão fundamentados e corretos a todos, a ponto de lhes oferecer os meios para raciocinar satisfatoriamente sobre eles.

Nossa ligação com os objetos é estabelecida por meio de três "poderes naturais" dos homens, a saber, *sentidos, imaginação* e *juízo*. Os *sentidos* apresentam imagens a nós e estas, segundo ele, devem ser semelhantes para todas as pessoas. A *imaginação* é o "poder criativo" que representa "a seu bel-prazer as imagens das coisas na ordem e forma em que foram recebidas pelos sentidos" ou que combina "essas imagens de uma nova maneira e de acordo com uma ordem diferente". Assim, enquanto os *sentidos* recebem as ideias, a *imaginação* as manuseia sem conseguir criar coisas novas. A *imaginação* é somente "a agente dos sentidos". Dor e prazer residem na *imaginação* e podem decorrer das propriedades dos objetos naturais ou da percepção da semelhança entre coisas imitadas e originais.

Neste ponto ele resume seu conceito de Gosto, afirmando que:
1. ele pertence à imaginação;
2. seu princípio é o mesmo em todos os homens;
3. não há diferença na maneira que ele afeta as pessoas;
4. não há diferença nas causas desse modo de afetar as pessoas;
5. há uma diferença de grau, que decorre de duas causas:
   a) maior grau de sensibilidade natural;
   b) atenção maior e mais prolongada dada ao objeto.

O item 5 refere-se ao *juízo*, ou julgamento que fazemos dos objetos recebidos pelos *sentidos* e manipulados pela *imaginação*. Assim, o mau gosto seria um defeito do *juízo* e o bom gosto, a retidão do *juízo*; por fim, conclui afirmando que o gosto, isto é, o juízo que fazemos de algo, melhora conforme ampliamos nossos conhecimentos por meio da *atenção* e do *exercício*.

Na primeira parte da *Investigação*, Burke resume as paixões que constarão de seu argumento central. Paixões, em seu sentido filosófico, seriam, segundo o dicionário de Johnson, colhido de Locke, "o efeito causado por um agente externo"[18].

A *curiosidade* (novidade) é definida como "qualquer desejo ou qualquer prazer que temos em relação à novidade". *Dor e prazer* são sentimentos independentes e positivos, por isso não são definidos de forma que um negue o outro, isto é, um não é causado pela falta do outro. A falta deles é um *estado de indiferença*. Na sequência, ele afirma que o *deleite* é "a sensação que acompanha a remoção da dor ou do perigo". Assim, o *deleite* é diferente do prazer positivo. A *cessação do prazer* também não se assemelha à dor positiva, pois ela "afeta a mente de três maneiras": indiferença – cessação lenta; decepção – cessação repentina; e pesar – cessação mais perda do objeto.

Para Burke, quase todas as ideias que causam forte impressão na mente, "sejam elas simplesmente a dor, o prazer, ou mesmo suas modificações, podem ser quase todas reduzidas a dois tipos, de acordo com sua finalidade": as paixões cujo fim é a *autopreservação* e as paixões que visam à vida em *sociedade*. O primeiro tipo compreende dor e perigo; dor e perigo imediatos são simplesmente dolorosos, mas, "à distância e sem oferecer perigo, eles

---

18. JOHNSON, Samuel. *A Dictionary of the English Language*, 1775. Disponível em: https://books.google.com.br/books?id=bXsCAAAAQAAJ&pg=PT7&hl=en#v=onepage&q=passion&f=false. Acesso em: 6 jun. 2016.

geram o deleite"; o segundo ele subdivide em paixões advindas da *sociedade dos sexos*, que regula o relacionamento entre homens e mulheres (sua paixão é o amor mesclado à luxúria e seu objeto é a beleza das mulheres), e as paixões da *sociedade geral*, gerada pelo contato dos homens com outros homens e com os animais (sua paixão é o amor sem a luxúria, e seu objeto é a beleza). A beleza é tudo o que induz afeição e ternura, ou algo que se aproxime desses dois sentimentos.

Na sociedade em geral, a paixão do amor tem origem no prazer positivo. Na sociedade específica, a simpatia pode nos direcionar para a dor ou para o prazer.

Em seguida, Burke busca pelas fontes do sublime: o que quer que de alguma forma seja capaz de excitar as ideias de dor e de perigo, ou seja, tudo o que for terrível de alguma forma, ou que compreenda objetos terríveis, ou opere de forma análoga ao horror.

Não se fechando apenas no indivíduo, o autor precisa de uma forma para que os homens se juntem em sociedade. Para tanto, define três paixões que unem a comunidade: *simpatia, imitação* e *ambição*, chamadas por Bromwich[19] de os "três motivos principais para a tomada de ação".

Por *simpatia*, diz ele, "entendemos as preocupações dos outros, somos comovidos por suas emoções e nunca somos espectadores indiferentes de quase qualquer coisa que os homens façam ou sofram". "Essa paixão", ele continua,

> pode tanto fazer parte da natureza daquelas relacionadas à autopreservação e voltar-se para a dor, sendo uma possível fonte do sublime, quanto voltar-se para as ideias de prazer; e, então, tudo o que foi dito sobre os afetos sociais pode ser aplicado aqui, seja em relação à sociedade em geral, seja em relação a apenas as formas particulares dela.

A *imitação* é semelhante à simpatia, pois a simpatia faz que nos preocupemos com os outros e nos leva a imitá-los. A *ambição* leva os homens a sentirem satisfação em serem melhores em algo estimado por seus companheiros.

Em seguida, na segunda parte, Burke analisa as causas da dor e do terror, por serem causas do sublime. Mas antes afirma que o assombro "é o efeito do sublime em seu mais alto grau", já seus "efeitos menores são a admiração, a reverência e o respeito". O assombro é definido como o "estado da alma em que todos os seus movimentos estão suspensos e com algum grau de horror". O assombro, isto é, a paralisia da mente, pode ser causado pelo

---

19. BROMWICH, David. *Op. cit.*, p. 65.

terror (medo), pela obscuridade, privação, vastidão, infinitude, sucessão irregular e subitaneidade. O medo assemelha-se à dor real, pois é a espera da própria dor ou da morte. Agora, para que haja terror, Burke diz que é preciso haver obscuridade (tanto no sentido de escuro quanto de obscuro). Assim, o sublime surge de ideias obscuras e não dá clareza. Ele diz: "Uma ideia clara, portanto, é apenas outro nome para uma ideia limitada". Para Burke (Seção V), as ideias de perigo e de poder surgem de uma única fonte: o terror; e este é a fonte comum de tudo o que é sublime. O poder contrasta com o prazer, pois este deve ser roubado e não imposto sobre nós. Ainda o prazer relaciona-se com sua utilidade para nós, enquanto o poder, não. Ele oferece o exemplo de um animal feroz: quando nos deparamos com um grande animal, diz ele, não imaginamos a utilidade que ele possa ter para nós, mas conjecturamos se é capaz de nos sobrepujar. Tendo em vista esse poder superior ao nosso e a falta de utilidade (que torna as coisas desprezíveis), tais coisas são grandiosas e sublimes.

A terceira parte da investigação trata da *Beleza*. No início do texto Burke já havia dito que o sublime está ligado às paixões – a autopreservação e a beleza –, às da preservação da sociedade. Inicia distinguindo a ideia de beleza e a paixão associada à beleza (o amor) do desejo, mas afirma que o desejo e o amor podem funcionar concomitantemente. Amor é apenas a satisfação que temos ao contemplar coisas belas. Já a lascívia, ou desejo, é uma energia da mente que nos leva a querer possuir os "objetos". A seção continua identificando os atributos que *não* são causa da beleza: a proporção, a adequação, a perfeição. Ele acredita que "a beleza é, em sua maior parte, alguma qualidade dos objetos que atuam de forma mecânica sobre a mente humana pela intervenção dos sentidos", e então passa a enumerar os objetos considerados belos: os objetos pequenos, a suavidade ou a lisura, a variação gradual, a delicadeza, as cores mais leves.

Na Parte IV, o autor busca as causas eficientes do sublime e da beleza. Segundo Aristóteles há quatro tipos de causas, a saber: a causa formal, a causa material, a causa eficiente e a causa final. Segundo ele, todos os objetos corpóreos possuem matéria e forma. Uma estátua, por exemplo, possui matéria (a pedra) e forma dada à pedra pelo artista: causa material e causa formal. Para que a matéria se torne forma é necessário, na filosofia aristotélica, um agente que transformará, em nosso caso, a pedra (matéria) em estátua (forma). A causa final é o propósito da existência da matéria informada.

Para Burke, nossas respostas ao belo e ao sublime são físicas. Por exemplo, ao olharmos algo bonito, isso pode evocar o sentimento do amor e fazer que o corpo relaxe, enquanto o sublime evocaria o sentimento de terror, causando tensão no corpo. Assim, os objetos físicos que evocam emoções também produzem respostas físicas àquelas emoções.

Ele finaliza seu tratado falando sobre palavras (Seção V). Burke admite que as palavras evocam respostas emocionais, mas apenas porque elas criam ideias na mente do recebedor. Nem todas as palavras representam objetos físicos, a maioria delas representa ideias abstratas.

Em suma, segundo Ian Harris:

> Burke imagina que as raízes da atividade humana são as paixões da curiosidade, do prazer e da dor. A curiosidade estimula a atividade da mente em todas as questões. As ideias de dor e de prazer correspondem respectivamente à autopreservação e à sociedade; e a sociedade envolve as paixões da simpatia, da imitação e da ambição. A imitação tende a estabelecer hábitos e a ambição, a produzir mudanças. A simpatia não é responsável por nenhum dos dois, mas ela estabelece o interesse no bem-estar de outras pessoas que se estende para identificar-se com elas. O escopo da simpatia não consegue abraçar ninguém, ao contrário da compaixão, que é aplicada somente àqueles que estão em uma situação pior do que a nossa. Tal amplitude de preocupações tem uma referência óbvia na ordem social (e pode também expressar o pensamento de Burke sobre o teatro). As paixões, compreendidas pelo modo de Burke, sugerem de pronto que a sociedade como tal responde aos instintos naturais, e que é composta de elementos de continuidade e melhoria. Burke, então, passa a mostrar que a autopreservação e seus cognatos sugerem a ideia complexa do sublime e, não menos importante, a ideia de um Deus ativo e terrível. A beleza, por outro lado, é composta por um conjunto bastante diferente de ideias simples, que têm origem no prazer. O Sublime e a Beleza, portanto, possuem origens muito diferentes[20].

O TEXTO

Em 12 de abril de 1757 saía a primeira edição da *Investigação filosófica*, publicada em Londres por Robert e James Dodsley. A segunda edição[21] foi publicada em 1759 com um novo prefácio e uma "Introdução sobre o Gosto". O texto utilizado para a presente tradução é o desta segunda edição.

Daniel Moreira Miranda

---

20. HARRIS, Ian, "Edmund Burke". *The Stanford Encyclopedia of Philosophy* (Spring 2012 Edition), Edward N. Zalta (ed.). Disponível em: http://plato.stanford.edu/archives/spr2012/entries/burke/. Acesso em: 6 jun. 2016.
21. BURKE, Edmund. *A Philosophical Enquiry into the Origin of our Ideas of the Sublime and Beautiful*. 2. ed. Londres: R. e J. Dodsley, 1759.

Prefácio da primeira edição

O autor espera não ser impertinente ao fazer uma breve descrição dos motivos que o levaram a escrever a presente investigação. As questões que constituem o objeto da investigação já haviam tomado grande parte de sua atenção. Mas, muitas vezes, ele não sabia por onde começar; ele imaginava estar longe de possuir qualquer coisa que se assemelhasse a uma teoria exata de nossas paixões, ou um conhecimento de suas fontes genuínas; ele descobriu que não podia reduzir as suas noções a quaisquer princípios fixos ou consistentes e notou que outros leigos também estavam com as mesmas dificuldades.

Ele observou que as ideias do sublime e da beleza eram frequentemente confundidas; e que ambas eram indiscriminadamente aplicadas a coisas muito diferentes e, por vezes, de naturezas diretamente opostas. Até mesmo Longino[22], em seu incomparável discurso sobre parte deste assunto, categorizou com um único nome – Sublime – coisas extremamente diferentes umas às outras. O abuso da palavra Belo tem sido ainda mais generalizado e possui consequências ainda piores.

Tal confusão de ideias deve certamente sujeitar todos os nossos raciocínios sobre esse tipo de tema a uma extrema imprecisão e inconclusividade. Caso houvesse um remédio para a situação, imaginei que este só poderia ser um exame diligente das paixões que habitam nossos próprios corações, que deveria ser efetuado a partir de um exame cuidadoso das propriedades das coisas já que, por meio da experiência, descobrimos exercer influência sobre as paixões e a partir de uma investigação sóbria e atenta das leis da

---

22. Nome do suposto autor grego de *Peri Hupsos* (Sobre o Sublime), um tratado sobre estética e crítica literária do início da era cristã.

natureza, por meio das quais essas propriedades conseguem afetar o corpo e, portanto, excitar nossas paixões. Imaginei que se isso pudesse ser feito, então as regras dedutíveis dessa investigação poderiam ser aplicadas sem muita dificuldade às artes imitativas e a tudo o mais ligado a elas.

Hoje faz quatro anos desde que esta investigação foi concluída[23]; durante esse período, o autor não encontrou nenhuma causa para fazer quaisquer alterações materiais a sua teoria. Ele a mostrou para alguns amigos, homens cultos e francos, que não a consideraram totalmente irrazoável e ele, agora, se aventura a colocá-la diante do público, propondo as suas noções como prováveis conjecturas, não como coisas certas e indiscutíveis e, caso ele tenha se expressado de forma muito assertiva em alguma passagem, isso se deve a sua desatenção.

---

23. Burke diz que concluiu a obra há quatro anos, ou seja, em 1753, no entanto, ele cita na Seção V da Parte V a obra *Account of the Life, Character, and Poem of Mr. Blacklock* (Londres: R. e J. Dodsley) de Joseph Spence (1699-1768) que foi publicada somente em novembro de 1754. De acordo com Koen Vermeir e Michael Funk Deckard, a data foi escolhida "para afirmar sua independência de três outras obras que surgiram naquele momento: *Analysis of Beauty, Written with a View of Fixing the Fluctuating Ideas of Taste* (William Hogarth, 1753), *Letters Corning Taste* (John Gilbert Cooper, 1755) e *Traité des sensations* (Étienne Bonnet de Condillac, 1754)" (VERMIER, 2012, p. 5).

Prefácio da
segunda edição

    Tentei tornar esta edição[24] mais completa e satisfatória do que a primeira. Fiz isso com o máximo cuidado e li com igual atenção tudo que foi publicado contra minhas opiniões; aproveitei-me da liberdade sincera de meus amigos e, caso eu tenha conseguido descobrir as imperfeições da obra por estes meios, a atenção recebida por ela, mesmo sendo imperfeita, deram a mim um novo alento para não dispensar esforços a fim de torná-la melhor. Embora não tenha encontrado motivo suficiente, ou que parecesse suficiente a mim, para fazer qualquer alteração material em minha teoria, pareceu-me necessário, em muitas passagens, explicar, ilustrar e reforçá-la. Redigi um discurso introdutório sobre o Gosto; esta é uma questão curiosa em si mesma e nos encaminha naturalmente à investigação principal. Esta e outras explicações tornaram o trabalho consideravelmente maior e receio que o aumento de seu tamanho será mais um de seus defeitos. Assim, não obstante toda a minha atenção, o livro precisará de uma parcela de gentileza ainda maior da que foi necessária à sua primeira edição.

    Aqueles que estão acostumados a estudos dessa natureza esperarão e também permitirão muitos defeitos. Eles sabem que muitos dos objetos de nossa investigação são, em si mesmos, obscuros e intrincados e que muitos outros também foram assim considerados por refinamentos afetados ou falsos da erudição. Eles sabem que o tema possui muitos obstáculos – manifestados pelos preconceitos dos outros e, até mesmo, nossos – fazendo com que mostrar a verdadeira face da natureza sob uma luz clara seja um assunto de grande dificuldade. Eles sabem que enquanto a mente está preocupada com o esquema geral das coisas, algumas partes específicas devem ser negligenciadas, que devemos normalmente apresentar o tema em detrimento

---

24. Segunda edição, de 10 de janeiro de 1759.

do estilo e frequentemente desistir do louvor da elegância e aceitarmos a satisfação da clareza.

É verdade que as características da natureza são legíveis, mas não são suficientemente simples para permitir que os que passam correndo consigam lê-las[25]. Devemos ser cautelosos, eu quase disse que devemos proceder de forma receosa. Nós devemos tentar voar, mas mal conseguimos dizer que rastejamos. Já que a condição de nossa natureza nos une a uma lei rigorosa e a limites muito estreitos, ao considerarmos qualquer questão complexa, devemos examinar cada um dos ingredientes distintos de sua composição, um por um e, então, reduzir todos esses elementos a sua extrema simplicidade. Depois, devemos reexaminar os princípios por meio do efeito da obra, bem como a obra por meio dos princípios[26]. Devemos comparar o nosso tema com coisas de natureza semelhante e, até mesmo, com coisas de natureza contrária, pois as descobertas podem ser feitas – e muitas vezes o são – pelo contraste, que nos escaparia caso fizéssemos uma observação única. Quanto mais comparações fizermos, mais geral e claro nosso conhecimento se mostrará, pois estará construído sobre as bases de uma indução mais extensa e perfeita.

Caso, por fim, uma investigação assim bem conduzida fracasse em descobrir a verdade, ela poderá responder a um fim talvez igualmente útil: nos revelando a fraqueza de nossa compreensão. Se não nos trouxer conhecimento, trará modéstia. Quando tanto trabalho tem a possibilidade de terminar em tanta incerteza, se ele não nos afastar do erro, poderá, pelo menos, nos afastar do espírito do erro e nos tornará cautelosos em relação aos pronunciamentos positivos ou apressados.

Gostaria que o mesmo método que eu utilizei para construir minha teoria fosse utilizado para a sua análise[27]. As objeções, em minha opinião,

---

25. Conferir a passagem bíblica: *Habacuque* 2:2: "Então, o Senhor me respondeu e disse: escreve a visão e torna-a bem legível sobre tábuas, para que a possa ler o que correndo passa".
26. Burke utiliza a metodologia de análise e síntese de Newton para estudar a experiência estética. Newton escreveu sobre o método em seu livro *Óptica*, na Questão 31 (DUCHEYNE, Steffen. Communicating a Sort of Philosophical Solidity to Taste: Newtonian Elements in Burke's Methodology. *In*: VERMEIR, 2012.): "Por esse modo de Análise podemos passar dos Compostos aos Ingredientes, e dos Movimentos às Forças que os produzem; e, em geral, dos Efeitos às suas Causas, e das Causas particulares às mais gerais, até que o Argumento termine na [causa] mais geral. Esse é o Método da Análise; e o Método da Síntese consiste em aceitar como Princípios as Causas descobertas e estabelecidas e, por meio delas, explicar os fenômenos que delas procedem e, por fim, em provar Explicações".
27. A referência corresponde a críticas feitas nas revistas *Critical Review*, 3 (1757) e *Literary Magazine*, 11 (1757) (BURKE, 1958).

deveriam ser feitas tanto aos vários princípios considerados distintamente, como à justeza da conclusão que é retirada deles. Mas, comumente, as pessoas passam pelas premissas e pela conclusão em silêncio e, como objeção, reproduzem alguma passagem poética que não parece ser facilmente aceita pelos princípios que me esforcei por estabelecer. Considero muito imprópria essa maneira de proceder. Caso tivéssemos que estabelecer princípios somente após desvelarmos a textura complexa de cada imagem ou descrição encontrada nos poetas e oradores, a tarefa seria infinita. E, apesar de ser impossível conciliar o efeito dessas imagens aos nossos princípios, isso não tem como derrubar a teoria em si, pois é fundada em fatos determinados e indisputáveis. Uma teoria fundamentada em experimentos – e não em conjecturas – é sempre boa, pois oferece muitas explicações. Nossa incapacidade em pressioná-la indefinidamente não constitui um argumento contra ela. Essa incapacidade talvez ocorra por nossa ignorância de alguns *fatores intervenientes* necessários, pela falta de aplicação adequada e por muitas outras causas, além de um defeito em seus princípios. Na realidade, o tema requer mais atenção do que ousamos declarar sobre nossa forma de tratá-lo.

Caso não fique claro no trabalho, devo advertir ao leitor a não imaginar que eu tenha pretendido fazer uma dissertação completa sobre o Sublime e a Beleza. Minha investigação não ultrapassa a origem dessas ideias. Se as características que ofereci sob a rubrica Sublime forem todas consideradas consistentes umas com as outras e todas diferentes daquelas que categorizei sob a rubrica Beleza; e se os componentes da classe Beleza estiverem consistentes consigo mesmos e possuírem a mesma oposição àqueles que estão classificados sob a denominação de Sublime, não me interessa muito saber se as pessoas aceitarão as rubricas dadas por mim ou não, desde que elas aceitem que o que está disposto sob diferentes rubricas são, na realidade, coisas diferentes da natureza. O uso que faço das palavras pode ser acusado de ser muito estreito ou muito amplo, mas não há como entender de forma errônea seus significados.

Para concluir; independentemente dos progressos que possam surgir em relação à descoberta da verdade neste tema, não me arrependo dos esforços que empreendi. A utilidade de investigações como esta pode ser bastante grande. Tudo o que incita a alma para dentro de si mesma tende a concentrar seu poder e a ajustá-la para empreender voos científicos maiores e mais grandiosos. Ao investigar as causas físicas, nossas mentes ficam mais abertas e ampliadas; e nessa perseguição, obtendo ou perdendo o objeto de nossa caçada, esta última é certamente valiosa. Cícero[28], mesmo sendo fiel à filosofia acadêmica – o que, consequentemente, levou-o a rejeitar a certeza do conhecimento físico, bem como a de qualquer outro tipo de conhecimento –, ainda assim confessa livremente sua grande importância para o entendimento humano: *pois as considerações e observações da natureza são quase como um tipo de alimento para nosso espírito e mente*[29]. Se pudermos direcionar as luzes que derivam dessas especulações tão exaltadas para o campo mais humilde da imaginação a fim de investigarmos os mecanismos e rastrearmos os cursos de nossas paixões, poderemos comunicar ao Gosto uma espécie de solidez filosófica, bem como poderemos refletir de volta às ciências mais duras certas graças e elegâncias do Gosto, sem o qual a grande competência daquelas ciências terá sempre a aparência de algo grosseiro.

---

28. Marco Túlio Cícero (106-43 a.C.), filósofo e político romano, participante do ceticismo acadêmico trazido da Grécia.
29. CÍCERO. *Academica Priora*, II, 127: "*Est enim animorum ingeniorumque naturale quoddam quasi pabulum consideratio contemplatioque naturae*", mas citado por Burke da seguinte forma: "*Est animorum ingeniorumque nostrorum naturale quoddam quasi pabulum consideratio contemplatioque nature*". O livro trata da teoria do conhecimento e é caracterizado pelo ceticismo acadêmico dos filósofos da Academia Platônica.

Introdução
sobre o Gosto[30]

Em uma visão superficial, pode parecer que somos extremamente diferentes em nossos raciocínios, bem como em nossos prazeres. Mas, não obstante essas diferenças, que me parecem bem mais aparentes do que real, é possível que as regras, tanto da razão quanto dos Gostos, sejam iguais em todas as criaturas humanas. Isso porque, caso não existissem alguns princípios para os juízos, bem como dos sentimentos que fossem comuns a toda a humanidade, ninguém conseguiria fiar-se de forma satisfatória em sua própria razão ou paixões para manter as equivalências comuns da vida. Em matéria de verdade e falsidade, parece realmente haver um reconhecimento geral da existência de algo fixo. As pessoas, em suas controvérsias, apelam constantemente para certos testes e normas que são aceitos por todos e estão, supostamente, estabelecidos em nossa natureza comum. Mas a mesma concordância óbvia não ocorre em relação a princípios uniformes ou estabelecidos que se relacionam ao Gosto. Supõe-se geralmente que essa faculdade delicada e aérea, a qual parece demasiadamente volátil até mesmo para suportar as cadeias de uma definição, não pode ser devidamente julgada por qualquer teste nem regulada por qualquer padrão. Há uma busca tão contínua pelo exercício da faculdade do raciocínio e ela é tão reforçada

---

30. De acordo com Bolton (BURKE, 1958), a "Introdução sobre o Gosto" foi especialmente escrita para a segunda edição (1759) da *Investigação filosófica* como uma forma de resposta ao ensaio "Sobre o padrão do gosto" de David Hume, publicado em seu livro *Quatro dissertações* (1757). No livro, Hume afirma a existência de um padrão que consiste no "veredicto conjunto" dos "verdadeiros críticos" (Of the Standard of Taste, *in* HUME, 1874-1875). No entanto, mesmo concordando com tal reação de Burke, dizem que "a *Introdução sobre o Gosto* é mais uma reação ao ceticismo de Hume em relação a um sentido estético que algo contra a própria teoria estética de Hume" (VERMEIR, 2012).

por meio das disputas perpétuas, que certas máximas do raciocínio correto parecem estar tacitamente estabelecidas entre os mais ignorantes. Os eruditos aperfeiçoaram essa ciência rudimentar e reduziram suas máximas em um sistema. Se o Gosto não foi cultivado da mesma forma fácil, isso não ocorreu por ser um assunto estéril, mas porque os operários eram poucos ou negligentes; para dizer a verdade, os motivos interessantes que nos impelem a fixar um não são os mesmos que nos levam a afirmar o outro. E afinal de contas, se os homens são diferentes em suas opiniões sobre esse assunto, sua diferença não é atendida com as mesmas consequências importantes, a não ser que eu faça com que a lógica do Gosto, se me permitem a expressão, fique tão bem digerível a ponto de podermos vir a discutir os assuntos dessa natureza com tanta certeza quanto aqueles que aparecem mais imediatamente dentro da província da mera razão. E de fato é muito necessário na abertura de uma investigação, tal como a presente, deixar este ponto tão claro quanto possível; pois, se o Gosto não possuísse qualquer princípio fixo, se a imaginação não fosse afetada de acordo com algumas leis invariáveis e determinadas, nosso trabalho teria pouco propósito, pois o estabelecimento de regras por capricho e a criação de um legislador de sonhos e fantasias seriam julgados como um empreendimento inútil ou absurdo.

O termo Gosto, como todos os outros termos figurativos, não é muito preciso: o que entendemos por Gosto está longe de ser uma ideia simples e determinada nas mentes da maioria dos homens e é, portanto, passível de conter incertezas e confusões. Não tenho muita opinião a respeito de uma definição: o célebre remédio para a cura dessa doença. Pois, quando definimos algo, não estendemos nossas ideias a toda a natureza e de acordo com as combinações feitas por ela, mas parece que corremos o risco de circunscrever a natureza dentro dos limites de nossas próprias noções, que muitas vezes fazemos de forma aleatória, ou aceitamos em confiança, ou formamos por uma consideração limitada e parcial do objeto que temos ante nós. Nossa pesquisa fica limitada às rigorosas leis estabelecidas no início de nosso trabalho.

[...] *Circa vilem patulumque morabimur orbem*
[...]
Unde pudor proferre pedem vetat aut operis lex.[31]

---

31. Citação errônea de Burke do livro de Horácio (65-8 a.C.), *Ars poetica*, II, 132, 135. O texto original diz: "*publica materies privati iuris erit, si/ non circa vilem patulumque moraberis orbem/ nec verbo verbum curabis reddere fidus/ interpres nec desilies imitator in artum,/ unde pedem proferre pudor vetet aut operis lex* [...]" (HORACE, 1926), isto é, em tradução livre: "Uma

[Vagamos em torno do círculo de eventos desprezíveis e abertos a todos, onde o pudor e as regras do ofício proíbem que saiamos dele.]

Uma definição deve ser extremamente exata e, ainda assim, ser capaz de nos informar minimamente acerca da natureza da coisa definida; mas independentemente de a virtude de uma definição ser o que é, parece melhor, na ordem das coisas, que ela seja feita após e não antes de nossa investigação, da qual deve ser considerada como resultado. Devemos reconhecer que os métodos de discurso e de ensino podem ser, às vezes, diferentes e, certamente, por uma boa razão; mas, quanto a mim, estou convencido de que o método de ensino que mais se aproxima do método de investigação é incomparavelmente o melhor; pois não se contenta em apenas servir algumas verdades estéreis e sem vida, mas nos guia aos seus princípios criadores; ele tende a estabelecer o próprio leitor no caminho da invenção e a dirigi-lo nos caminhos trilhados pelo próprio autor em suas descobertas, caso ele tenha a felicidade de encontrar descobertas valiosas.

Mas para acabar com toda pretensão de discutir por bobagens, digo que pela palavra Gosto entendo apenas aquela faculdade, ou faculdades da mente que são afetadas pelas obras da imaginação e das belas-artes ou que formam um juízo delas. Isto é, tenho uma ideia mais geral dessa palavra, menos relacionada com qualquer teoria específica. Meu objetivo nesta investigação é descobrir se existem princípios que afetam a imaginação e que são tão comuns, tão fundamentados e corretos a todos, a ponto de lhes oferecer os meios para raciocinar satisfatoriamente sobre eles. Acredito existirem tais princípios sobre o Gosto; mesmo que pareça paradoxal aos que em uma visão superficial imaginam existir uma diversidade tão grande de Gostos, tanto em grau quanto em espécie, que nada pode ser mais indeterminado que ele.

Que eu saiba, os poderes naturais do homem que estabelecem ligações com os objetos externos são os Sentidos, a Imaginação e o Juízo. Falemos primeiro sobre os sentidos. Acreditamos e devemos supor que a conformação dos órgãos dos homens são quase ou completamente as mesmas em todos; da mesma forma, a maneira de perceber os objetos externos é a mesma, ou com pouca diferença, em todos os homens. Assim, o que parece ser luz para um olho, parece luz para outro; o que parece doce a um paladar, é

---

história pública se tornará propriedade sua, se você não vagar em torno do círculo dos eventos, o qual é desprezível e está aberto a todos, nem traduzir tudo palavra por palavra como um intérprete fiel, nem colocar-se-á em um local tão estreito que a vergonha e as regras de seu ofício o proíbam de sair (tirar os pés)".

doce para outro; o que é escuro e amargo para este homem, também é escuro e amargo para aquele; e, então, podemos concluir o mesmo sobre o grande e o pequeno, o duro e o macio, o quente e o frio, o áspero e o liso; e, na verdade, o mesmo vale para todas as características naturais e emoções dos corpos. Se imaginarmos que os sentidos apresentam diferentes imagens das coisas a homens distintos, este processo cético transformará todo tipo de raciocínio sobre qualquer tema em algo vaidoso e frívolo, transformará até mesmo o próprio raciocínio cético, o qual nos persuadiu a duvidar do que dizem nossas percepções. Mas, tendo em vista a existência de muito pouca dúvida de que os corpos apresentam imagens semelhantes a toda a espécie, deve-se necessariamente ser admitido que os prazeres e as dores que cada objeto incita em um homem devam causar o mesmo em toda a humanidade, operando de forma natural, simples e apenas por meio de seus próprios poderes; pois, se negássemos isso, precisaríamos imaginar que a mesma causa, operando da mesma forma e em indivíduos da mesma espécie, produziria efeitos diferentes, o que seria um grande absurdo. Consideremos esse ponto sobre o sentido do paladar [Gosto] em primeiro lugar e, em particular, pois a faculdade em questão tomou seu nome desse sentido: todos os homens concordam em chamar de azedo o vinagre, de doce o mel e de amargo o aloé; e, da mesma forma como concordam em considerar essas qualidades para esses objetos, eles, ao menos, não discordam em relação aos seus efeitos em matéria de prazer e dor. Todos eles concordam em chamar a doçura de agradável e a acidez e o amargor de desagradável. Aqui não há diferença em seus sentimentos; e esse fato pode ser observado a partir da concordância de todos os homens em relação às metáforas que são retiradas do sentido do Gosto [paladar]. O temperamento azedo, as expressões amargas, as maldições amargas e o destino amargo são termos muito bem compreendido por todos. E também somos muito bem entendidos quando falamos sobre uma disposição doce, uma pessoa doce, uma condição doce e afins. Confessadamente, o costume e algumas outras causas deram origem a vários desvios dos prazeres ou das dores naturais que pertencem a esses diversos Gostos; mas, então, o poder de distinguir entre o sabor natural e o adquirido permanece até o fim. Um homem normalmente passa a preferir o Gosto do tabaco ao do açúcar e o sabor do vinagre ao do leite; mas isso não causa confusão nos Gostos se ele perceber que o tabaco e o vinagre não são doces e enquanto ele souber que foi apenas o hábito que reconciliou seu paladar a estes prazeres estranhos. Podemos falar com precisão suficiente a respeito de Gostos mesmo com tal pessoa. Mas, caso encontremos alguém que diga que, para ele, o tabaco tem Gosto de açúcar e que ele não consegue distinguir entre o leite e o vinagre, ou que o tabaco e o vinagre são doces, que o leite é azedo e o açúcar é amargo, concluiremos imediatamente que os órgãos deste homem estão fora de ordem e que seu paladar está totalmente viciado. Estamos tão longes de conferenciar sobre Gostos com esse tipo de pessoa, quanto estamos de raciocinar sobre as relações de quantidade com alguém que nega que a reunião de todas as partes se iguala ao todo. Não dizemos que um homem desse tipo está errado em suas noções, mas absolutamente louco. Essas exceções, de qualquer forma, não desqualificam nossa regra geral, nem nos fazem concluir que os homens possuem vários princípios sobre as relações de quantidade ou do Gosto das coisas. Dessa forma, quando dizemos: "Gosto não se discute", isso só pode significar que ninguém consegue responder exatamente qual o prazer ou dor sentidos por uma pessoa específica em relação ao Gosto de alguma coisa em particular. Isso, na verdade, não pode ser discutido; mas nós podemos contestar – e com suficiente clareza também – a respeito das coisas que são naturalmente agradáveis ou desagradáveis para os sentidos. Mas quando falamos de sabor peculiar ou adquirido, então, devemos conhecer os hábitos, os preconceitos ou os destemperos deste homem específico; e devemos tirar nossa conclusão a partir disso.

As concordâncias da humanidade não se limitam apenas ao Gosto. O princípio do prazer derivado da visão é o mesmo para todos. A luz é mais agradável do que a escuridão. O verão, quando a terra está folheada em verde, quando o céu está sereno e brilhante, é mais agradável do que o inverno, quando tudo surge de forma diferente. Não me lembro de ter presenciado a demonstração de qualquer coisa bonita, fosse uma pessoa, um animal, um pássaro ou uma planta, que não fosse imediatamente considerada bela para uma centena de pessoas e que nem todos concordassem que o que lhes era mostrado era bonito, mesmo que alguns imaginassem que o objeto mostrado estivesse aquém de sua expectativa, ou que outras coisas eram ainda mais belas. Acredito que ninguém considera um ganso mais belo que um cisne, ou imagina que o animal chamado de galinha de Friezland excede a beleza de um pavão. Devemos observar também que os prazeres da visão não são tão complicados, confusos e alterados por hábitos não naturais e associações, como o são os prazeres do Gosto; porque os prazeres da visão concordam consigo mesmos de forma mais fácil; e, muitas vezes, não são alterados por considerações que independem da própria visão. Mas as coisas não se apresentam de maneira tão espontânea ao paladar como o fazem em relação à visão; elas são geralmente administradas a ele, seja em forma de alimento ou medicamento; e, a partir das qualidades que possuem para fins medicinais ou nutritivos, informam, muitas vezes, o palato por graus e por força dessas associações. Assim, o ópio é agradável aos turcos por causa do delírio agradável que ele produz. O tabaco é o deleite dos holandeses, pois ele difunde um torpor e uma agradável estupefação. O álcool fermentado agrada nosso povo comum, porque ele afasta os cuidados e todas as considerações dos males presentes ou futuros. Todos estes seriam absolutamente negligenciados se suas propriedades não fossem originalmente além do Gosto; mas todos eles, além do chá, do café e de algumas outras coisas saíram das lojas dos boticários para nossas mesas e eram, inicialmente, bebidas para melhorar a saúde bem antes de serem imaginadas como algo prazeroso. Os efeitos das drogas nos fizeram usá-las com frequência; e uso frequente, combinado com o efeito agradável, fez com que o sabor se tornasse agradável por fim. Mas isso não causa o mínimo de perplexidade ao nosso raciocínio, porque somos capazes de distinguir entre todos os sabores adquiridos e naturais. Ao descrever o Gosto de uma fruta desconhecida, você dificilmente diria que seu sabor é doce e agradável como o do tabaco, ópio ou alho, mesmo que conversasse com pessoas que utilizam essas drogas e, delas, retiram grande prazer. Há em todos os homens lembrança suficiente das causas naturais e originais do prazer, a ponto de habilitá-los a utilizar tal padrão a todas as coisas oferecidas a seus sentidos, bem como regular seus sentimentos e opiniões a partir desse padrão. Suponha que exista alguém que tenha o paladar tão viciado, a ponto de sentir mais prazer com o Gosto do ópio do que com o da manteiga e do mel; suponha ainda que a ele seja apresentado um bolo de *scilla*[32]; não há quase qualquer dúvida de que ele iria preferir a manteiga ou o mel a este bocado nauseante, ou a qualquer outra droga amarga que não estivesse acostumado; isso prova que seu paladar age de forma natural como o dos outros homens em todas as coisas, que seu paladar ainda funciona como o dos outros homens em muitas coisas e que está viciado apenas em algumas coisas específicas. Pois ao julgar qualquer coisa nova – até mesmo algum Gosto semelhante que ele passou a apreciar pelo hábito – seu paladar é afetado pela maneira natural e fundamentada nos princípios comuns. Assim, o prazer de todos os sentidos, o da visão e até mesmo o do paladar, que é o mais ambíguo dos sentidos, é o mesmo para todos, sejam eles ricos, pobres, eruditos ou incultos.

---

32. Espécie de planta da família *Asparagaceae* com vários nomes comuns, a saber: *scilla*, cebola--do-mar, cebola-albarrã, *scilla* marítima e *scilla* vermelha, encontrada na Europa meridional, na África setentrional e na Ásia ocidental.

Além das ideias, com suas dores e prazeres, que são apresentados pelos sentidos, a mente humana possui um tipo de poder criativo próprio; seja ao representar a seu bel-prazer as imagens das coisas na ordem e forma em que foram recebidas pelos sentidos, seja ao combinar essas imagens de uma nova maneira e de acordo com uma ordem diferente. Esse poder é chamado de Imaginação; e a ele pertence tudo aquilo que chamamos de sagacidade, fantasia, invenção e afins. Mas deve-se observar que esse poder da imaginação é incapaz de produzir coisas absolutamente novas; ele somente consegue variar a disposição das ideias que recebeu dos sentidos. A imaginação é a província mais extensa do prazer e da dor, pois é a região onde residem nossos medos e nossas esperanças, bem como todas as nossas paixões que estão conectadas a eles; e tudo que afeta a imaginação com essas ideias impositivas, por força de qualquer impressão natural original, terá o mesmo poder e agirá de maneira consideravelmente semelhante sobre todos os homens. Pois, tendo em vista que a imaginação é apenas a agente dos sentidos, ela somente pode ter prazer ou desprazer por meio das imagens originadas e pelo mesmo princípio que os sentidos sentem prazer ou desprazer em relação às realidades; e, por conseguinte, a concordância exata deve existir na imaginação de forma igual àquela existente nos sentidos dos homens. Um pouco de atenção irá nos convencer de que este deve ser necessariamente o caso.

Mas na imaginação, além da dor e do prazer decorrentes das propriedades do objeto natural, um prazer é percebido a partir da semelhança entre a imitação e o original; a imaginação, acredito, não possui prazer, exceto aquele resultante de uma ou outra dessas causas. E essas causas operam de forma bastante uniforme sobre todos os homens, porque operam por princípios da natureza, os quais não derivam de quaisquer vantagens ou hábitos particulares. O Sr. Locke muito justa e finamente observa que a principal especialidade da sagacidade é a busca de semelhanças; ele observa, ao mesmo tempo, que formar juízos é encontrar diferenças[33]. Talvez pareça, com base nesta suposição, que não há qualquer distinção material entre a sagacidade e os juízos, pois ambos parecem ser o resultado de operações diferentes da mesma faculdade de *comparação*. Mas, na realidade, sejam eles dependentes ou não do mesmo poder da mente, eles são tão substancialmente diferentes em muitos aspectos, que uma união perfeita entre sagacidade e julgamento é uma das coisas mais raras do mundo. Quando dois

---

33. *An Essay Concerning Human Understanding* (1690), 11, XI, 2, John Locke (1632-1704).

objetos distintos são diferentes um do outro, é isso o que esperamos encontrar; as coisas estão em seu caminho normal e, portanto, elas não causam impressão na imaginação, mas quando dois objetos distintos possuem semelhanças, somos atingidos por eles, damos atenção a eles e ficamos satisfeitos. A mente do homem sente maior entusiasmo e satisfação em buscar semelhanças do que em buscar diferenças; porque, ao encontrarmos semelhanças, produzimos *novas imagens*, unimos, criamos, aumentamos o nosso repertório; mas ao fazermos distinções, deixamos de oferecer qualquer tipo de alimento para imaginação; a tarefa em si é mais severa e cansativa; e os prazeres derivados das distinções é algo de natureza negativa e indireta. Quando recebo uma notícia pela manhã, ela, mesmo sendo apenas uma mera notícia, me dá prazer, pois é um fato acrescentado ao meu repertório. Mas, pela noite, descubro que não era uma notícia de grandes consequências. O que eu ganho com isso, senão a insatisfação de ver o que a mim foi imposto? Ocorre, portanto, que os homens estão naturalmente muito mais propensos à crença do que à incredulidade. Dessa forma, é sobre este princípio que as nações mais ignorantes e bárbaras destacam-se pela criação de símiles, comparações, metáforas e alegorias, mas fracassam e são retrógradas quando pretendem distinguir e classificar suas ideias. E é por esse tipo de razão que Homero e os escritores orientais, embora muito afeiçoados às similitudes e apesar de normalmente as elaborarem de forma verdadeiramente admirável, raramente as percebiam de forma exata; ou seja, eles percebiam as semelhanças gerais e as pintavam com cores fortes, mas não percebiam as diferenças existentes entre as coisas comparadas.

Agora, já que o prazer da semelhança é o principal adulador da imaginação, todos os homens são quase iguais nesse ponto em relação ao conhecimento das coisas representadas ou comparadas. O princípio deste conhecimento é algo bastante acidental, pois depende da experiência e da observação e não da força ou fraqueza de alguma faculdade natural; normalmente aquilo que chamamos de diferença de Gostos, embora sem grande exatidão, procede dessa diferença de conhecimento. Um homem novo ao mundo das esculturas vê uma cabeça de manequim para perucas, ou alguma outra forma simples de estatuária; ele, imediatamente, fica impressionado e satisfeito, porque vê algo que se assemelha à figura humana; e, totalmente ocupado com essa semelhança, ele não percebe seus defeitos. Creio eu que ninguém os perceba na primeira vez que veem algum tipo de imitação. Suponhamos que algum tempo depois este novato chega a um trabalho mais artificial da mesma natureza; agora, ele começa a ver com desprezo aquilo que ele havia admirado anteriormente; não que ele admirasse a peça até aquele momento por sua dessemelhança a um homem, mas pela semelhança geral, embora imprecisa, da peça com a figura humana. O que ele admirava em momentos distintos nessas figuras diferentes é estritamente o mesmo; e embora o seu conhecimento tenha melhorado, seu Gosto não foi alterado. Até então o seu erro advinha da falta de conhecimento artístico, o qual surgiu de sua inexperiência, mas ele poderá continuar a não possuir o conhecimento da natureza. Isso porque é possível que o homem em questão pare por aqui, e que a obra-prima de um grande artista possa agradá-lo tanto quanto o desempenho medíocre de um artista vulgar; e isto não ocorre pela falta de melhor ou maior prazer, mas porque todos os homens não observam a figura humana com suficiente precisão para poderem julgar corretamente a imitação dela. E, conforme podemos notar em vários casos, o Gosto crítico não depende de um princípio superior dos homens, mas do conhecimento superior. A história do antigo pintor e do sapateiro é bem conhecida[34]. O sapateiro corrigiu o pintor no que diz respeito a alguns erros que ele tinha feito no sapato de uma de suas figuras; algo que o pintor, que não havia feito tais observações precisas sobre sapatos e contentava-se com uma semelhança geral, nunca tinha observado. Mas isso não denigre o Gosto do pintor, mostra, somente, certa falta de conhecimentos em relação à arte do sapateiro. Vamos imaginar que um anatomista tenha entrado na sala de trabalho do pintor. Sua obra está, em geral, bem-feita, a figura em questão tem uma boa postura e as partes estão bem ajustadas em seus vários movimentos; ainda assim, o anatomista, crítico em sua arte, observa o avolumamento de alguns músculos que não condizem com a ação específica da figura. O anatomista, neste ponto, vê que o pintor não notou o detalhe e, dessa forma, passa a fazer o papel do sapateiro. Mas, de modo semelhante, a falta do conhecimento exato sobre a manufatura de um sapato e a falta do conhecimento crítico em anatomia também não refletem o bom Gosto do pintor, nem de qualquer outro observador comum dessa peça. Uma bela pintura da cabeça cortada de São João Batista foi mostrada a um imperador turco; ele elogiou muitas coisas, mas observou um defeito: a pele da ferida do pescoço não estava retraída. Embora sua observação fosse bem justa, o sultão, na ocasião, percebeu que seu Gosto era tão natural quanto o do pintor que executou a obra, ou quanto o de mil conhecedores europeus

---

34. A história é contada pelo escritor romano Plínio, o velho (23-79 d.C.) em *Historia Naturalis*, XXXV, 84-85, e citada por Samuel Johnson na revista *The Rambler* (*O Caminhante*), n. 4, de 31 de março de 1750.

que provavelmente nunca teriam feito a mesma observação. Sua majestade turca estava realmente bem familiarizado com aquele espetáculo terrível; algo que os outros só conseguiriam representar em sua imaginação[35]. Em relação ao seu desgosto, há uma diferença entre todas essas pessoas, resultante de diferentes tipos e graus de seus conhecimentos; mas o pintor, o sapateiro, o anatomista e o imperador turco possuem algo em comum: o prazer decorrente de um objeto natural, na medida em que cada um o percebe imitado de forma coerente; a satisfação em ver uma figura agradável; a simpatia procedente de um incidente impressionante e comovente. Já que o Gosto é natural, ele é comum a quase todas as pessoas.

Na poesia e outras obras da imaginação, a mesma paridade pode ser observada. É verdade que enquanto um homem encanta-se com Don Belianis[36], e lê Virgílio[37] friamente, outro apaixona-se pela *Eneida* e deixa Don Belianis para as crianças. Estes dois homens parecem ter um Gosto muito diferente um do outro; mas, na verdade, há pouca diferença. Essas duas obras, que inspiram sentimentos opostos, narram uma história que inspira admiração; ambas estão cheias de ação, ambas são apaixonadas, em ambas há viagens, batalhas, triunfos e contínuas mudanças da sorte. Talvez o admirador de Don Belianis não entenda a linguagem refinada da *Eneida* e ele, possivelmente, conseguiria sentir toda a energia da obra e o mesmo princípio que o tornou um admirador de Don Belianis se ela fosse reescrita no estilo do livro *O Peregrino*[38].

Quando alguém lê seu autor favorito, ele não fica chocado com as violações contínuas das probabilidades dos acontecimentos, com a confusão dos tempos, as infrações contra as maneiras educadas ou com a falta de respeito pela geografia; ele não sabe nada de geografia e cronologia e, além disso, nunca analisou os fundamentos das probabilidades. Ele talvez leia sobre um naufrágio na costa da Boêmia[39] e fique completamente interessado pelo evento e ávido apenas em saber qual será o destino de seu herói, ele não está

---

35. A história de Gentile Bellini (c. 1421-1508) foi retratada no livro *Le Maraviglie Dell'Arte* (1648) de Carlo Ridolfi. Burke deixou de dizer que o imperador turco provou sua observação ao mandar decapitar um escravo para que Bellini pudesse ver o formato da pele de seu pescoço.
36. Herói do romance espanhol *Historia del valeroso é invincible Principe don Belianis de Grecia* (1547-1579).
37. Públio Virgílio Maro (70-19 a.C.), poeta romano autor da *Eneida*.
38. *O Peregrino* (1678) de John Bunyan (1628-1688), bastante popular por suas alegorias cristãs.
39. Alusão ao ato III, cena III, de *Winter's Tale* (*Conto de Inverno*) de Shakespeare, o qual se passa na costa da Boêmia, local que não possui mar. O mesmo erro já havia sido feito por Robert Green em seu livro *Pandosto* (1588), material original da peça de Shakespeare.

nem um pouco preocupado com esse erro absurdo. Por que ele ficaria chocado com um naufrágio na costa da Boêmia, se ele acredita que a Boêmia é apenas uma ilha do Oceano Atlântico? E afinal de contas, que isso tem a ver com nossa reflexão sobre o bom Gosto natural dessa suposta pessoa?

Até o momento, podemos dizer que o Gosto pertence à imaginação, que seu princípio é o mesmo em todos os homens; que não há diferença na maneira que ele afeta as pessoas, nem nas causas dessa afeição; mas há uma diferença de *grau*, que decorre principalmente de duas causas: ou do maior grau de sensibilidade natural, ou da atenção maior e mais prolongada dada ao objeto. A fim de exemplificar isso por meio da operação de sentidos que possuem a mesma diferença, imaginemos dois homens em frente a uma mesa de mármore extremamente lisa; ambos sentem a suavidade dela e apreciam tal qualidade. Até agora eles concordam. Mas suponha agora que sejam colocadas duas outras mesas, sendo que esta última é ainda mais lisa do que a anterior. Nesse momento, é muito provável que estes homens, que concordam com o que é liso e ficam satisfeitos com o prazer que tiram disso, irão discordar ao resolverem discutir sobre o melhor ponto de polimento da mesa. A grande diferença entre os Gostos reside, na verdade, na comparação entre o excesso e a escassez das coisas que são julgadas por graus, e não por medições. Sempre que surgem essas diferenças, não é fácil chegar a uma conclusão se o excesso ou a escassez não forem gritantes. Quando diferimos em nossa opinião sobre duas quantidades, podemos recorrer a uma medida comum para decidir a questão com maior exatidão; e isso, eu acredito, faz que o conhecimento matemático tenha maior exatidão do que qualquer outro. Mas em coisas cujo excesso não é julgado por ser maior ou menor – por exemplo, suavidade e rugosidade, dureza e maciez, escuridão, luminosidade e os tons das cores – elas são facilmente distinguidas quando a diferença é razoavelmente grande, mas não quando é minúscula, pois lhes faltam medidas comuns, as quais talvez nunca sejam descobertas. Nesses belos casos, supondo-se igual a agudeza dos sentidos, a vantagem está do lado daqueles com maior atenção e familiaridade com tais coisas. No exemplo das mesas, o polidor de mármore, sem dúvida, saberá determinar a questão com maior precisão. Mas, não obstante a falta de uma medida comum para a resolução de muitos conflitos entre os sentidos e seu representante, a imaginação, sabemos que os princípios são os mesmos para todos e que não há qualquer desacordo até que cheguemos a examinar a primazia ou diferença das coisas, que nos leva ao âmbito do juízo.

Enquanto convivermos apenas com as qualidades sensíveis das coisas, somente a imaginação será levada em consideração; pouco mais do que somente a imaginação parece estar envolvida com a representação das paixões, porque por meio da força da simpatia natural, elas são sentidas por todos os homens sem que recorram ao raciocínio e sua justeza é reconhecida por todos os corações. Amor, tristeza, medo, raiva, alegria, todas essas paixões afetam todas as mentes ao seu redor; e elas não afetam a mente de modo arbitrário ou casual, mas por meio de princípios específicos, naturais e uniformes. Porém, tendo em vista que muitas obras da imaginação não se limitam à representação de objetos sensíveis, nem aos esforços sobre as paixões, mas estendem-se à educação social, aos personagens, às ações e às vontades dos homens, então as suas relações, as suas virtudes e os seus vícios passaram a compor o âmbito do juízo, que é aperfeiçoado pela atenção e pelo hábito do raciocínio. Tudo isso é parte considerável do que consideramos objetos do Gosto; Horácio diz que precisamos visitar as escolas de filosofia e o mundo para aprendermos sobre esses objetos[40]. Sejam quais forem as certezas adquiridas pela moral e pela ciência da vida, possuímos o mesmo grau de certeza no que diz respeito aos objetos das obras de imitação. Na verdade e em grande parte, o Gosto por meio da distinção consiste em nossa habilidade de boas maneiras e do cumprimento das regras do local, do momento e da decência em geral, os quais podem ser aprendidos naquelas escolas recomendadas por Horácio; na realidade, ele é apenas um juízo mais refinado. Em geral, parece-me que o que é chamado de Gosto, em sua aceitação mais geral, não é uma ideia simples, mas é parcialmente composta pela percepção dos prazeres primários dos sentidos, pelos prazeres secundários da imaginação e pelas conclusões que a faculdade de raciocínio retira das diversas relações entre esses elementos, bem como das paixões humanas, comportamentos e ações. Tudo isso é requisito para a formação do Gosto; o trabalho fundamental de todos esses elementos é o mesmo na mente humana, pois já que os sentidos são a grande fonte de todas as nossas ideias e, consequentemente, de todos os nossos prazeres, se não forem incertos e arbitrários, todo o trabalho fundamental do Gosto é comum a todos e, portanto, há um fundamento suficiente para o raciocínio conclusivo sobre esses assuntos.

Ao considerarmos o Gosto somente de acordo com sua natureza e espécie, descobriremos que seus princípios são completamente uniformes; mas o grau de prevalência desses princípios nos vários indivíduos da humanidade é tão diferente quanto os próprios princípios são semelhantes. Isso porque a sensibilidade e o juízo, que são as qualidades que compõem o que

---

40. Ver HORÁCIO, *Ars poetica*, II, 309.

comumente chamamos de *Gosto*, variam extremamente em várias pessoas. A partir de um defeito da primeira qualidade surge a falta de Gosto; a fraqueza da última constitui um Gosto errôneo ou ruim. Alguns homens são formados com sentimentos tão rudes, com ânimo tão frio e fleumático que, dificilmente, poderíamos dizer que eles estiveram acordados durante todo o curso de suas vidas. A essas pessoas, os objetos mais marcantes causam apenas uma impressão fraca e obscura. Existem outros homens que estão continuamente em meio a prazeres brutos e meramente sensuais, ou estão extremamente ocupados com o trabalho vil da avareza, ou então estão tão envolvidos com a busca da honra e da distinção, que suas mentes – utilizadas continuamente para as tempestades dessas paixões violentas e tempestuosas – mal podem ser colocadas em movimento por meio de uma obra delicada e refinada da imaginação. Esses homens, mesmo que por uma causa diferente, tornam-se tão estúpidos e insensíveis como os primeiros; mas caso um desses dois tipos de homens seja atingido por alguma elegância ou grandeza natural, ou algo que tenha essas qualidades em uma obra de arte, eles ficam comovidos a partir do mesmo princípio.

O mau Gosto tem origem em um defeito do juízo. E ele pode originar-se de uma fraqueza natural do entendimento (seja qual for a consistência da força dessa faculdade) ou, com maior frequência, pode originar-se da falta de exercício adequado e devidamente orientado, o qual, por si só, poderia torná-lo forte e preparado para agir. Além dessa ignorância, a desatenção, o preconceito, a imprudência, a leviandade e a obstinação, em suma, todas as paixões e todos os vícios que pervertem o juízo em outros assuntos, causam a mesma proporção de prejuízos nesse seu âmbito mais refinado e elegante. Essas causas produzem diferentes opiniões sobre todos os objetos do entendimento, mas sem induzir-nos a supor a não existência de princípios estabelecidos da razão. E, de fato, podemos notar que em geral há menos diferenças nas questões de Gosto das pessoas, do que na maioria dos temas que dependem da razão pura; e que, entre os homens, há maior concordância a respeito da excelência de uma descrição de Virgílio, do que sobre a verdade ou a falsidade de uma teoria de Aristóteles.

A retidão do juízo a respeito das artes – que pode ser chamada de bom Gosto – depende em grande parte da sensibilidade, pois quando a mente não possui qualquer inclinação para os prazeres da imaginação, ela nunca se aplicará suficientemente para adquirir um conhecimento competente sobre as obras dessa espécie. Mas, embora seja necessário certo grau de sensibilidade para a construção de um juízo bem formado, ainda assim um juízo bem formado não se origina necessariamente de uma sensibilidade ao prazer facilmente provocado. Normalmente, ocorre de um crítico muito fraco – apenas pela força de uma maior sensibilidade de seu temperamento – ser mais afetado por uma obra muito malfeita do que o melhor crítico ser afetado pela obra mais perfeita; pois assim como todas as coisas novas, extraordinárias, grandiosas ou apaixonantes tendem a afetar esse tipo de pessoa sem que as falhas a afetem, o prazer que ela sente é mais puro e inalterado; e por ser um prazer apenas da imaginação, ele é muito maior do que qualquer outro derivado da retidão do juízo; o juízo, em sua maior parte, serve para lançar obstáculos no caminho da imaginação, para dissipar as cenas de seu encantamento e para amarrar-nos ao jugo desagradável de nossa razão: pois, praticamente, o único prazer que os homens têm ao serem capazes de julgar melhor que os outros consiste em uma espécie de orgulho consciente e em uma sensação de superioridade, que decorrem de seu pensamento correto; entretanto, esse é um prazer indireto, um prazer que não resulta diretamente do objeto que ele está contemplando. No amanhecer de nossas vidas, quando os sentidos são novos e tenros, quando a integralidade do homem acorda por toda parte e o brilho da novidade de todos os objetos que nos rodeiam ainda são frescos, nossas sensações naquele momento são muito vívidas, mas os juízos que formamos das coisas, tão falsos e imprecisos. Eu me desespero ao notar que nunca mais poderei retirar o mesmo grau de prazer das mais admiráveis realizações de gênio que senti naquela época com as obras que meu juízo atual considera tão insignificantes e desprezíveis. Quaisquer motivos triviais de prazeres têm o potencial de afetar os homens de temperamento muito sanguíneo[41]: seu apetite é muito ávido, impedindo que seu Gosto seja delicado; e, em todos os aspectos, ele é aquilo que Ovídio diz sobre si mesmo quando está apaixonado,

> *Molle meum levibus cor est violabile telis,*
> *et semper causa est, cur ego semper amem.*[42]

> [Meu coração é facilmente violado por flechas ligeiras,
> e é sempre a causa de eu estar sempre amando.]

---

41. Teoria dos quatro humores. Era a explicação dada para a saúde e para a doença até o século XVII. Dividia os líquidos do corpo em quatro tipos: sangue, bile amarela, bile negra e fleuma; os adjetivos que indicavam o temperamento da preponderância de cada humor eram, respectivamente, sanguíneo (otimista, vigoroso), colérico, melancólico e fleumático (frio, diplomático). Apesar de a teoria ter caído no desuso com os desenvolvimentos científicos, os adjetivos permaneceram na linguagem.

42. Citação imperfeita de *Heroides* (*Cartas das Heroínas*), XV, 79-80, do poeta romano Ovídio (43 a.C.-18 d.C.). No original: *molle meum levibusque cor est violabile telis et semper causa est, cur ego semper amem* [...] (Ovid, 1914).

Uma pessoa com essas características nunca será um crítico refinado; nunca será o que o poeta cômico chama de *elegans formarum, spectator*[43]. A excelência e a força de uma obra devem sempre ser imperfeitamente mensuradas a partir de seu efeito sobre a mente das pessoas, exceto quando conhecemos o temperamento e o caráter daquelas mentes. Os efeitos mais poderosos da poesia e da música foram notados, e talvez ainda o sejam, nos locais onde essas artes ainda estão em um estado pouco desenvolvido e imperfeito. O ouvinte inculto é afetado pelos princípios que operam nessas artes mesmo em seu estado mais grosseiro, mas ele não é suficientemente hábil para perceber os defeitos delas. Mas, conforme as artes avançam em direção a sua perfeição, a ciência da crítica avança com o mesmo ritmo e o prazer dos juízes é frequentemente interrompido pelas falhas que são descobertas nas composições mais admiradas.

Antes de terminarmos, não posso deixar de esclarecer uma opinião mantida por muitas pessoas que dizem que o Gosto é uma faculdade separada da mente e distinta do juízo e da imaginação; uma espécie de instinto pelo qual somos afetados à primeira vista e naturalmente, sem que haja qualquer raciocínio anterior sobre as perfeições ou defeitos de uma obra. Acredito ser verdade que a razão não é muito consultada em relação à imaginação e às paixões; mas em relação à disposição, ao decoro e à congruência, isto é, sempre que o melhor Gosto difere do pior, estou convencido de que esta operação pertence somente ao entendimento; e o seu funcionamento, na realidade, está longe de ser sempre repentino, ou quando é repentino, muitas vezes está longe de ser correto. Os homens que possuem os melhores Gostos costumam, após examiná-los, mudar esses primeiros juízos precipitados que a mente, por causa de sua aversão à neutralidade e à dúvida, adora formar instantaneamente. É sabido que o Gosto (seja qual for) melhora exatamente na medida em que melhoramos nosso juízo por meio da ampliação de nossos conhecimentos, pela atenção constante ao nosso objeto e pelo exercício frequente. Aqueles que não utilizam esses métodos e formam seu Gosto de forma apressada, este último é sempre incerto; essa rapidez deve-se à presunção e à imprudência e não há qualquer iluminação súbita que dissipa instantaneamente toda a escuridão de suas mentes. Mas aqueles que cultivaram essa espécie de conhecimento que constitui o objeto do Gosto de forma gradual e habitual obtêm não só a solidez, mas também a

---

43. "Bom crítico da beleza": da comédia *Eunuchus* (Eunuco) (161 a.C.), escrita pelo dramaturgo romano Terêncio (195 ou 185-159 a.C.). A frase original é *noris quam elegans formarum spectator siem*, ou seja, "você verá que sou um bom crítico da beleza".

mesma prontidão do juízo obtida por aqueles que utilizam o mesmo método para todas as outras ocasiões. No início, eles são obrigados a soletrar, mas finalmente eles conseguem ler com facilidade e celeridade: mas essa celeridade não prova que o Gosto seja uma faculdade distinta. Acredito que toda pessoa que já presenciou o curso de uma discussão sobre questões do âmbito da razão pura deve ter observado a extrema prontidão com que todo o processo da argumentação é realizado, os fundamentos descobertos, as objeções levantadas e respondidas e as conclusões tiradas das premissas, com uma rapidez tão grande quanto aquela supostamente operada pelo Gosto; e tudo isso em um espaço em que apenas a simples razão está, ou podemos supor que esteja, em operação. A multiplicação de princípios para cada uma das instâncias é inútil e extremamente antifilosófica.

Poderíamos prosseguir neste assunto, mas não é a extensão do tema que prescreve nossos limites, pois não há tema que não se ramifique ao infinito. O limite de nossas pesquisas está, na verdade, imposto pela natureza de nosso planejamento particular e pelo ponto de vista único em que o consideramos.

Parte I

Seção I – Novidade

A curiosidade é a primeira e mais simples emoção que descobrimos na mente humana. Por curiosidade, quero dizer qualquer desejo ou qualquer prazer que temos em relação à novidade. As crianças correm incessantemente de um canto para o outro em busca de algo novo; tudo que veem em frente delas, elas pegam com grande entusiasmo e com muito pouca escolha; a atenção delas envolve-se em todas as coisas, porque tudo, naquele estágio da vida, é recomendado pelo encanto da novidade. Mas, tendo em vista que essas coisas que nos envolvem apenas por sua novidade não têm o poder de nos capturar por muito tempo, a curiosidade é a mais superficial de todas as afeições; ela muda incessantemente seu objeto; tem um grande apetite, mas satisfaz-se com muita facilidade; e mantém uma aparência de leviandade, inquietação e ansiedade. A curiosidade, por sua natureza, é um princípio bastante ativo; ela examina rapidamente a maior parte de seus objetos e logo exaure a lista de objetos comumente encontrados na natureza; os mesmos objetos voltam frequentemente à sua atenção, mas, sempre que retornam, seus efeitos se tornam cada vez menos agradáveis. Em suma, as ocorrências da vida, assim que as conhecemos um pouco, seriam incapazes de afetar a mente com quaisquer outras sensações, senão aquelas de repugnância e cansaço, caso muitas coisas não estivessem adaptadas a afetar a mente por meio de outros poderes além da novidade delas e por meio de outras paixões, além de nossa própria curiosidade. Esses poderes e paixões serão considerados mais adiante. Mas, sejam quais forem esses poderes e independentemente dos princípios que utilizam para afetar a mente, é absolutamente necessário que eles não sejam exercidos sobre os objetos que, por sua utilização diária e vulgar, os levaram a uma familiaridade estagnante e que não causa efeitos. Algum grau de novidade deve ser uma das substâncias de todos os instrumentos que agem sobre a mente; em certo grau, a curiosidade mistura-se com todas as nossas paixões.

Seção II – Dor e prazer

Então, para que os objetos possam excitar as paixões das pessoas que já atravessaram boa parte da vida, parece necessário que eles sejam, em certo grau, novos e, além disso, capazes de causar dor ou prazer a partir de outras causas. Dor e prazer são ideias simples, incapazes de serem definidas. As pessoas não estão inclinadas a se enganarem sobre o que sentem, mas elas costumam estar erradas em relação aos nomes que dão a estes sentimentos, bem como em seus raciocínios sobre eles. Muitos acreditam que a dor se origina necessariamente da remoção de algum prazer; e, da mesma forma, imaginam que o prazer surge da cessação ou diminuição de alguma dor. Estou bastante inclinado a imaginar que dor e prazer em suas formas mais simples e naturais de causar emoções possuem natureza positiva e que, de maneira alguma, dependem necessariamente um do outro para sua existência. A mente humana está, muitas vezes – e acredito, na maior parte do tempo – em um estado que eu chamo de indiferença, sem dor nem prazer. Quando sou levado desse estado a estado de prazer real, não parece necessário que eu passe por um estado intermediário de dor. Se em tal estado de indiferença, calma ou tranquilidade – ou chame como quiser – você se visse repentinamente entretido com um concerto de música; ou suponhamos que algum objeto de forma bonita e cores brilhantes e vivas fosse apresentado a você; ou imagine que seu cheiro fosse bom e tivesse a fragrância de uma rosa; ou se, sem estar com sede, você bebesse um tipo agradável de vinho; ou experimentasse, sem estar com fome, um confeito; em todos os diferentes sentido – audição, olfato e paladar – você encontraria, sem dúvida, algum prazer. No entanto, se eu perguntar sobre o estado de sua mente antes de receber essas gratificações, você dificilmente dirá que sentia qualquer tipo de dor; ou será que você diria, após satisfazer esses vários sentidos com seus vários prazeres, ter notado uma dor, embora o prazer tenha cessado completamente? Por outro lado, suponha que um homem no mesmo estado de indiferença receba um golpe violento, ou beba algum remédio amargo, ou tenha seus ouvidos feridos por algum som áspero e irritante; não há aqui qualquer tipo de remoção do prazer; e, ainda assim, ele sente, em todos os sentidos que são afetados, uma dor bastante distinguível. É possível talvez dizer que a dor nesses casos tenha surgido da remoção do prazer que o homem gozava anteriormente, embora esse prazer possuísse um grau tão baixo que somente foi possível percebê-lo após a sua remoção. Mas isso me parece ser uma sutileza não detectável na natureza. Pois se, antes da dor, não sinto nenhum prazer real, então não tenho motivos para julgar a existência deste último; isso porque o prazer só é prazer quando ele é sentido. O mesmo pode ser dito sobre a dor e com igual razão. Não há como convencer-me de que prazer e dor são meras relações, que só podem existir ao serem contrastados: mas, acredito ser capaz de discernir claramente a existência de dores e prazeres positivos, que não dependem um do outro. Nada é mais certo para meus próprios sentimentos do que isto. Não há nada que eu possa distinguir em minha mente com mais clareza do que esses três estados: indiferença, prazer e dor. Posso perceber cada um deles sem qualquer tipo de ideia de sua relação com qualquer outra coisa. Por exemplo, Caio sofre um ataque de cólica. Ele está realmente sentindo dor; estique o Caio no cavalete de tortura e ele sentirá uma dor muito maior; mas, será que a dor do cavalete resulta da eliminação de algum prazer? Ou será que o ataque de cólica é um prazer ou uma dor que depende da forma como a consideramos?

Seção III – A diferença entre a remoção da dor e o prazer positivo

Levaremos essa proposição um passo à frente. Aventurar-nos-emos a propor que a existência da dor e do prazer não é necessariamente dependente de sua diminuição mútua ou remoção e que, na realidade, a diminuição ou cessação do prazer não funciona como dor positiva; e que a remoção ou diminuição da dor, em seu efeito, tem muito pouca semelhança com o prazer positivo[44]. A primeira proposição, creio, será muito mais facilmente aceita do que a última, pois é bem evidente que o prazer, assim que desaparece, deixa-nos bem próximos do estado em que nos encontrou. Os prazeres de quaisquer tipos nos satisfazem rapidamente; e quando acabam, voltamos para o estado de indiferença, ou melhor, recaímos em uma tranquilidade leve, tingida com a cor agradável da sensação anterior. Confesso que, à primeira vista, é difícil notar que a remoção de uma grande dor não se assemelha ao prazer positivo: mas lembremo-nos do estado em que

---

44. O Sr. Locke [*Ensaio acerca do entendimento humano*, 1. 2. c. 20. Seção 16] imagina que a remoção ou a diminuição da dor é considerada prazer e opera como ele; e a diminuição ou enfraquecimento do prazer, como dor. É esta opinião que consideramos aqui. (N.A.)

nossas mentes se encontravam após escaparmos de algum perigo iminente, ou após sermos libertados da severidade de uma dor cruel. Em tais ocasiões percebemos, caso eu não esteja muito enganado, que o temperamento de nossas mentes está em um tom bastante remoto daquele que se apresenta junto com o prazer positivo; percebemos que elas estão em um estado de muita sobriedade, impressionadas com um sentimento de temor, em uma espécie de tranquilidade sombreada pelo terror. Em tais ocasiões, o semblante e a linguagem corporal são tão correspondentes a este estado de espírito, que qualquer pessoa, não sabendo a causa dessa aparência, irá preferir dizer que parecemos mais consternados que tomados pelo gozo de algum tipo de prazer positivo.

> ὡς δ'ὅτ'ἂν ἄνδρ' ἄτη πυκινὴ λάβῃ, ὅς τ'ἐνὶ πάτρῃ
> φῶτα κατακτείνας ἄλλων ἐξίκετο δῆμον
> ἀνδρὸς ἐς ἀφνειοῦ, θάμβος δ'ἔχει εἰσορόωντας.[45]

[Semelhantemente a um homem que,
tomado pela cegueira infligida pelos deuses,
mata alguém em seu próprio país e foge para obter a proteção
de algum nobre em um país de estranhos,
os quais, sobressaltados, o observam!]

As when a wretch, who conscious of his crime,
Pursued for murder from his native clime,
Just gains some frontier, breathless, pale, amaz'd;
All gaze, all wonder![46]

 Essa aparência impressionante do homem que Homero acredita ter acabado de escapar de um perigo iminente – esse tipo de paixão, um misto de terror e surpresa, com a qual ele afeta os espectadores – demonstra de forma bastante clara a maneira que somos afetados em ocasiões que são de algum modo similares a essa. Pois, quando sofremos alguma emoção violenta, a mente se mantém naturalmente em algo parecido com a mesma condição, mesmo após a cessação da causa que a produziu. Após a tempestade, o mar continua a balançar; e quando o resto do terror definha, todas as emoções criadas pelo acidente definham junto com ele e a mente retorna ao seu estado habitual de indiferença. Em suma, o prazer (quero dizer, qualquer

---

45. HOMERO. *Ilíada*. Livro 24, v. 480-482. Na tradução de Odorico Mendes (1799-1864), lemos: "Quando por homicídio alguém se exila,/ E em país estrangeiro e nobre albergue/ Refúgio encontra, espectadores pasmam".
46. A tradução do grego para o inglês foi mantida por estar no original e ser de Alexander Pope (1688-1744).

coisa na sensação interna, ou na aparência externa, como o prazer originado de uma causa positiva) nunca se origina, imagino eu, da remoção da dor ou do perigo.

Seção IV – Deleite e prazer, em oposição um ao outro

Mas, por conseguinte, poderíamos dizer que a remoção da dor ou a sua diminuição são simplesmente dolorosas? Ou afirmar que a cessação ou a diminuição do prazer vêm acompanhadas, elas mesmas, da presença de um prazer? Não. O que eu proponho é apenas isso: em primeiro lugar, existem prazeres e dores de natureza positiva e independente; em segundo lugar, o sentimento que resulta da cessação ou da diminuição da dor não possui semelhança suficiente ao prazer positivo para que seja considerado da mesma natureza, ou para que receba o mesmo nome; e, em terceiro lugar, a remoção ou restrição do prazer, sob o mesmo princípio, não têm nenhuma semelhança com a dor positiva. É certo que a primeira sensação (a remoção ou a moderação da dor) possui algo que está longe de ser angustiante ou desagradável em sua natureza. Esse sentimento, em muitos casos bastante agradável, mas totalmente diferente do prazer positivo, não possui um nome que eu conheça; mas isso não impede que ele seja muito real e diferente de todos os outros. É bem certo que todas espécies de satisfação ou prazer, por mais diferentes que sejam as formas que afetam o sujeito, são de natureza positiva na mente de quem as sente. A emoção é, sem dúvida, positiva; mas a causa pode ser, como neste caso certamente o é, uma espécie de *Privação*. Daí, é muito razoável distinguirmos por algum termo coisas que possuem naturezas tão distintas: um prazer que existe por si mesmo sem qualquer relação deve ser diferenciado do prazer que não pode existir sem uma relação e aquele que possui relação com a dor. Seria muito estranho se essas emoções, tão distintas em suas causas, tão diferentes em seus efeitos, fossem confundidas com as outras, apenas porque o uso comum registrou-as sob o mesmo título genérico. Sempre que tenho a oportunidade de falar sobre essa espécie de prazer relativo, eu o chamo de *Deleite*; e tomarei cuidado para utilizar essa palavra apenas nesse sentido. Sei que não uso essa palavra em sua significação apropriada; mas achei melhor tomar uma palavra já conhecida e limitar a sua significação, que introduzir um novo termo que talvez não conseguisse incorporar-se tão bem com a língua. Eu jamais faria qualquer tipo de alteração em nossas palavras, se a natureza da linguagem – que está moldada para fins comerciais e não filosóficos – e a natureza do meu assunto, que me desvia do caminho comum do discurso, não exigissem, de certa forma, que eu assim procedesse. Farei uso dessa liberdade com a máxima cautela. Assim como faço uso da palavra *Deleite* para expressar a sensação que acompanha a remoção da dor ou do perigo, quando falo em prazer positivo, na maior parte, eu simplesmente o chamo de *Prazer*.

Seção V – Alegria e pesar

Deve-se observar que a cessação do prazer afeta a mente de três maneiras. Se ele simplesmente cessa, depois de ter continuado um tempo apropriado, o efeito é a *indiferença*; se ele for abruptamente interrompido, segue-se uma sensação desconfortável chamada *Decepção*; se o objeto for totalmente perdido, sem que haja chance de apreciá-lo novamente, surge na mente uma paixão chamada *pesar*. Mas, nenhuma delas, nem mesmo o pesar, que é a mais violenta, me parecem assemelhar-se com a dor positiva. A pessoa que sofre um pesar percebe a paixão crescer em si; ela se entrega a esta emoção, ela a ama: mas isso nunca acontece no caso da dor real, pois é algo que nenhum homem jamais suportou voluntariamente por muito tempo. Não é difícil de entender que o pesar seja voluntariamente suportado, embora esteja longe de ser uma sensação simplesmente agradável. Pertence à natureza do pesar manter seu objeto perpetuamente próximo, apresentá-lo em seus pontos de vista mais prazerosos, repetir todas as circunstâncias que nele estão presentes, até mesmo seu mais insignificante detalhe; voltar a cada prazer particular e debruçar-se sobre cada um deles com o objetivo de encontrar mil novas perfeições em tudo que não foi suficientemente compreendido anteriormente; no pesar, o *prazer* é ainda maior; e a aflição que sofremos não tem qualquer semelhança com a dor absoluta, a qual é sempre odiosa e nos esforçamos para nos vermos livres dela o mais rápido possível. Na *Odisseia* de Homero, com suas tantas imagens naturais e comoventes, não há imagens mais impressionantes que aquelas criadas por Menelau[47] quando fala sobre o destino calamitoso de seus amigos e de seus próprios

---

47. Menelau, Rei de Esparta (Lacedemônia) e marido de Helena. Esta, após ser raptada por Páris e ser levada para Troia, tornou-se o pivô da Guerra entre gregos e troianos. A cena em que Menelau chora no palácio ocorre já após a guerra, durante o banquete de casamento de seu filho. Telêmaco, o filho de Odisseu (Ulisses), está presente durante a festa enquanto Menelau fala sobre os amigos perdidos, especialmente sobre Odisseu.

sentimentos em relação ao acontecido. Ele reconhece, de fato, que costuma oferecer a si mesmo momentos para tais reflexões melancólicas, mas também observa que mesmo sendo melancólicas, elas lhe dão prazer.

> ἀλλ' ἔμπης πάντας μὲν ὀδυρόμενος καὶ ἀχεύων
> πολλάκις ἐν μεγάροισι καθήμενος ἡμετέροισιν
> ἄλλοτε μέν τε γόῳ φρένα τέρπομαι, ἄλλοτε δ' αὖτε
> παύομαι: αἰψηρὸς δὲ κόρος κρυεροῖο γόοιο.[48]

[Ainda assim, muitas vezes me sento nos salões
e choro e sofro por todos eles –
em um momento realmente me deleito com o choro,
em outro, paro, pois a tristeza satisfaz-se rapidamente.]

Still in short intervals of pleasing woe,
Regardful of the friendly dues I owe,
I to the glorious dead, for ever dear,
Indulge *the tribute of a* grateful *tear.*[49]

Por outro lado, será que é a alegria que nos afeta quando recuperamos a nossa saúde ou quando fugimos de um perigo iminente? Nessas ocasiões, os sentidos estão longe da satisfação leve e voluptuosa conferida pela perspectiva de um prazer certo. O deleite que decorre das modificações da dor revela, por meio de sua natureza sólida, forte e grave, seu local de origem.

Seção VI – As paixões que pertencem à autopreservação

A maioria das ideias capazes de causar uma poderosa impressão na mente, sejam elas simplesmente a dor, o prazer, ou mesmo suas modificações, quase pode ser reduzida a dois títulos: *autopreservação* e *sociedade*; todas as nossas paixões estão programadas para corresponder para os fins de uma ou de outra. As paixões que dizem respeito à autopreservação voltam-se principalmente para a *dor* ou o *perigo*. As ideias de *dor*, *doença* e *morte* preenchem a mente com emoções fortes de terror; mas as de *vida* e *saúde*, embora nos disponham à capacidade de sermos afetados pelo prazer, não causam qualquer impressão pelo seu simples gozo. As paixões, portanto, ligadas à preservação do indivíduo compreendem principalmente a *dor* e o *perigo*, sendo as paixões mais poderosas de todas.

---

48. HOMERO. *Odisseia*. Livro 4, v. 100-103.
49. Tradução para o inglês de Alexander Pope (1688-1744).

Seção VII – O sublime

O que quer que de alguma forma seja capaz de excitar as ideias de dor e de perigo, ou seja, tudo o que for terrível de alguma forma, ou que compreenda objetos terríveis, ou opere de forma análoga ao horror é fonte do *sublime*; ou seja, é capaz de produzir a emoção mais forte que a mente é capaz de sentir. Digo que é a emoção mais forte, porque acredito que as ideias de dor são muito mais poderosas do que as que são introduzidas pelo prazer. Sem qualquer dúvida, os tormentos que podemos sofrer são muito maiores em seus efeitos sobre o corpo e a mente do que quaisquer prazeres que o mais erudito sensualista possa sugerir, ou do que a imaginação mais viva e o corpo mais requintadamente sensível possam desfrutar. Mais que isso, duvido bastante que se possa encontrar um homem que aceite receber a vida de mais perfeita satisfação em troca de seu fim estar envolto em tormentos semelhantes à justiça infligida em poucas horas ao infeliz último regicida da França[50]. Mas, assim como a dor opera de forma mais forte que o prazer, a morte, em geral, é uma ideia que nos afeta muito mais que a dor; isso porque muitas outras dores, mais requintadas, são preferíveis à morte; de fato, o que geralmente torna a dor em si, se me permitem dizer, algo mais doloroso é ela funcionar como uma emissária do rei dos terrores, isto é, da morte. Quando o perigo ou a dor estão muito próximos de nós, eles são incapazes de oferecer qualquer deleite e são simplesmente terríveis; mas, conforme vivenciamos todos os dias, a certas distâncias e com certas modificações, eles podem ser, e eles são, deleitosos. Investigarei as causas disso a partir deste ponto.

Seção VIII – As paixões
que pertencem à sociedade

O outro título sob o qual eu classifico nossas paixões é *sociedade*, que pode ser dividido em dois tipos: a sociedade dos *sexos*, que atende aos fins da propagação e, depois, a mais ampla *sociedade geral*, a qual temos em conjunto com os homens e outros animais e, poderíamos dizer, de certa

---

50. Referência à tentativa de assassinato do rei Luís XV por Robert-François Damiens em 5 de janeiro de 1757. Ele foi condenado à tortura e esquartejamento de seus membros por cavalos. Seus sofrimentos foram publicados em vários jornais, revistas e livros da época e posteriores, dentre estes podemos citar *Pieces originales et procedures du proces, fait à Robert-François*, Paris, 1757, v. 1; *Celebrated Trials, and Remarkable Cases of Criminal Jurisprudence*, Londres, v. 4, p. 386-396.

maneira com o mundo inanimado. As paixões que pertencem à preservação do indivíduo voltam-se totalmente para a dor e o perigo; aquelas que pertencem à *reprodução* originam-se das gratificações *e dos prazeres*; o prazer mais diretamente pertencente a este propósito possui características vivas, arrebatadoras, violentas e, confessadamente, é o maior prazer dos sentidos; no entanto, a ausência deste tão grande gozo mal chega a causar mal-estar; e, exceto em momentos particulares, acredito não ter qualquer influência. Quando os homens descrevem como são afetados pela dor e pelo perigo, eles não discorrem sobre os prazeres da saúde e o conforto da segurança para, só depois, lamentar a *perda* dessas satisfações: toda ela volta-se para as dores e os horrores reais que precisam suportar. Mas, ao ouvir as queixas de um amante abandonado, você observará que seu relato se concentra nos prazeres que ele desfrutou, ou esperava desfrutar, e na perfeição do objeto de seus desejos; o fato mais importante que não sai de sua mente é a *perda*. Os efeitos violentos produzidos pelo amor, que às vezes chegam a forjar a loucura, não constituem uma objeção à regra que buscamos estabelecer. Quando a imaginação dos homens é longamente afetada por qualquer ideia, ela a absorve de forma tão integral, a ponto de, gradualmente, excluir todas as outras e destruir todas as partições da mente que as confinariam. Qualquer ideia serve para este fim; isso está evidente pela variedade infinita de causas que dão origem à loucura: mas isso, no máximo, consegue apenas provar que a paixão do amor é capaz de produzir efeitos extraordinários, não que suas emoções extraordinárias tenham alguma ligação com dor positiva.

Seção IX – Causa final da diferença entre as paixões pertencentes à autopreservação e aquelas que consideram a sociedade dos sexos

A causa final da diferença de caráter entre as paixões da autopreservação e aquelas que são direcionadas para a multiplicação da espécie ilustrará as observações precedentes ainda mais; além disso, ela é digna, acredito, de ser estudada por si mesma. Tendo em vista que todos os tipos de realização de nossos deveres dependem da existência de vida e que a realização deles com vigor e eficácia depende da saúde, somos muito fortemente afetados por tudo que ameaça a destruição de qualquer uma das duas; mas como não fomos feitos para conformar vida e saúde, o simples exercício delas não é acompanhado de qualquer prazer real, para que não fiquemos tão satisfeitos com isso a ponto de cairmos na indolência e na inércia. Por outro lado, a reprodução humana é um grande propósito e, além disso, é indispensável que os homens tenham energia para este fim por meio de algum grande incentivo. Dessa forma, há aqui a presença de um prazer bastante intenso; mas, já que tal fim não foi projetado para ser nosso único objetivo, não é próprio que a ausência desse prazer seja acompanhada de quaisquer dores fortes. A diferença entre os homens e os animais, neste ponto, parece ser notável. Por serem guiados pela razão em relação ao momento e forma de se dedicarem aos prazeres do amor, os homens parecem estar sempre igualmente dispostos a eles. Se uma grande dor surgisse pela falta dessa satisfação, a razão, receio, teria grande dificuldade em executar suas funções. Mas os animais possuem temporadas fixas, pois obedecem a leis para a execução daquilo que sua própria razão tem pouquíssima participação; é bastante provável que em tais momentos a sensação derivada da falta seja muito problemática, porque em muitos animais o objetivo deve ser cumprido ou ser desperdiçado, talvez para sempre; isso porque a vontade somente retornará na próxima temporada.

Seção X – A beleza

A paixão que pertence à reprodução, meramente como tal, é apenas a luxúria; isso está evidente nos animais, que buscam seus fins mais diretamente do que nós e cujas paixões estão menos misturadas. A única distinção que observam no que diz respeito a seus companheiros é a do sexo. É verdade que eles se unem solidariamente a sua própria espécie em detrimento de todas as outras. Mas essa preferência, imagino, não se origina de qualquer sentimento de beleza que encontram em suas próprias espécies, conforme supõe o Sr. Addison, mas de algum outro tipo de lei a que estão sujeitos; e isso podemos concluir razoavelmente a partir da aparente falta de escolha que possuem em relação aos seus objetivos, os quais estão restritos às barreiras de suas espécies. Mas o homem, que é uma criatura adaptada para uma maior variedade e a complexidade de relações, conecta-se com a paixão geral, a ideia de algumas características *sociais*, que direcionam e aumentam o apetite que ele tem em comum com todos os outros animais; e, já que ele não foi projetado para viver em liberdade como os animais, é apropriado que possua algo que possa preferir e determinar sua escolha: isso, em geral, deve ser alguma característica sensível, pois nenhuma outra é capaz de produzir efeitos tão rápidos, poderosos ou certos. O objeto, portanto, dessa paixão mesclada que chamamos de amor, é a *beleza* do *sexo*. Os homens são levados ao sexo em geral, por ser o sexo e pela lei comum da natureza; mas ligam-se a indivíduos específicos por sua *beleza* pessoal. Por beleza entendo uma característica social, pois sempre que mulheres e homens, e não somente eles, mas quando outros animais também nos oferecem uma sensação de alegria e prazer em contemplá-los (e há muitos que o fazem), eles nos inspiram com sentimentos de ternura e afeição em relação a eles; gostamos de tê-los perto de nós e, voluntariamente, passamos a ter um tipo de relacionamento com eles, a menos que tenhamos fortes razões em contrário. Mas não sou capaz de descobrir para que fim isso existe em muitos casos, pois não vejo maiores razões para a existência de uma conexão entre um homem e vários animais cobertos por pelagens envolventes, do que entre ele e alguns outros que estão inteiramente despidos dessa atração, ou a possuem em um grau muito menor. Mas é provável que a providência não tenha feito nem mesmo essa distinção, mas tendo em vista algum grande objetivo final, embora não possamos vê-lo de forma clara, pois sua sabedoria não é nossa sabedoria, nem seus caminhos são os nossos.

Seção XI – Sociedade e solidão

O segundo ramo das paixões sociais é aquele que contribui à *sociedade em geral*. Relativamente a essa questão, observo que a sociedade, apenas como sociedade, sem quaisquer exaltações específicas, não nos oferece prazeres positivos em seu desfrute; mas a *solidão* absoluta e total, ou seja, a exclusão total e perpétua de toda a sociedade, é uma dor positiva tão grande quanto possa ser imaginada. Portanto, entre o prazer da *sociedade* em geral e a dor da solidão absoluta, a *dor* é a ideia predominante. Mas o prazer advindo de qualquer apreciação social específica supera bastante o mal-estar causado pela falta daquele desfrute particular; assim, a sensação mais forte, em relação aos hábitos da *sociedade em particular*, são sensações de prazer. Boa companhia, conversas animadas e os carinhos da amizade enchem a mente com grande prazer; por outro lado, a solidão temporária é agradável em si mesma. Isso talvez prove que somos criaturas feitas para a contemplação, bem como para a ação, pois tanto a solidão quanto a sociedade possuem os seus prazeres; a partir da observação anterior podemos dizer que uma vida toda de solidão contradiz os fins de nosso ser, pois nem mesmo a morte em si consegue provocar maior horror.

Seção XII – Simpatia, imitação e ambição

Sob o título de sociedade, as paixões são de um tipo complicado e ramificam-se em uma variedade de formas que concordam com a variedade de objetivos a que devem servir em cada elo da grande corrente da sociedade. Os três principais elos desta corrente são a *simpatia*, a *imitação* e a *ambição*.

Seção XIII – Simpatia

Dentre essas paixões, é por meio da primeira que entendemos as preocupações dos outros, que somos comovidos por suas emoções e que nunca somos espectadores indiferentes de quase qualquer coisa que os homens façam ou sofram. Isso porque a simpatia deve ser considerada como uma espécie de substituição, pela qual nos colocamos no lugar de um outro homem e pela qual somos, em muitos aspectos, afetados da mesma forma que ele é afetado. Dessa maneira, essa paixão pode tanto fazer parte da natureza daquelas relacionadas à autopreservação e voltar-se para a dor, sendo uma possível fonte do sublime, quanto voltar-se para as ideias de prazer; e então, tudo o que foi dito sobre os afetos sociais pode ser aplicado aqui, seja em relação à sociedade em geral, seja em relação apenas às formas particulares dela. É principalmente por este princípio que a poesia, a pintura e outras artes que afetam as emoções transferem suas paixões de um coração para outro e, muitas vezes, são capazes de enxertar um deleite à mesquinharia, à miséria e à própria morte. Observa-se normalmente que os objetos que causariam choque em sua forma real são fonte de uma espécie muito admirada de prazer na tragédia e em representações similares. Ao ser tomado como fato, isso tem sido a causa de muito debate. A satisfação tem sido comumente atribuída, em primeiro lugar, ao conforto que recebemos quando imaginamos que uma certa história extremamente melancólica é apenas uma ficção; e, em segundo lugar, à contemplação de estarmos, nós mesmos, livres dos males que vemos representado. Temo ser uma prática muito comum nas investigações dessa natureza atribuir como causa dos sentimentos que se originam apenas da estrutura mecânica dos nossos corpos, ou do quadro natural e da constituição de nossas mentes, determinadas conclusões da faculdade de raciocínio sobre os objetos que são apresentados a nós; isso porque me parece que a influência da razão em produzir nossas paixões não é tão extensa quanto normalmente se acredita.

Seção XIV – Os efeitos da simpatia sobre as angústias dos outros

Para examinarmos de forma adequada o ponto sobre o efeito da tragédia, devemos primeiro considerar o modo pelo qual somos afetados pelos sentimentos de nossos semelhantes em circunstâncias de perigo real. Estou convencido de que temos um grau de prazer, e não um pequeno, nos infortúnios e dores reais dos outros; pois, seja qual for o afeto em sua aparência, se ele não faz que evitemos tais objetos e, se pelo contrário, induz a nos aproximarmos deles, se nos faz debruçar sobre eles, neste caso imagino que temos uma espécie de deleite ou prazer quando contemplamos esses tipos de objetos. Não é verdade que lemos as histórias autênticas de cenas desta natureza com tanto prazer como se estivéssemos lendo romances ou poemas em que os incidentes são fictícios? Nem a prosperidade de qualquer império, nem a grandeza de algum rei causam uma leitura tão agradável quanto a ruína do Estado da Macedônia e a angústia de seu príncipe infeliz[51]. Tal catástrofe histórica nos toca tanto quanto a fábula da destruição de Troia[52]. Em casos deste tipo, nosso deleite se torna bastante exuberante se aquele que sofre for uma grande personalidade que se afunda por um destino indigno. Cipião e Catão são personagens virtuosos[53]; mas somos mais profundamente afetados pela morte violenta de um e a ruína de sua grande causa, do que pelos merecidos triunfos e prosperidade ininterrupta do outro; pois o terror, sempre que não está muito próximo, é uma paixão que sempre produz deleite; já a pena é uma paixão acompanhada de prazer, porque ela se origina do amor e da afeição social. Sempre que somos constituídos pela natureza para perseguirmos finalidades ativas, a paixão que nos anima a elas é atendida com deleite, ou com algum tipo de prazer, independentemente do tema a ser tratado; e, conforme planejado por nosso Criador, estamos unidos pelo vínculo da simpatia, ele reforçou esse vínculo por meio de um deleite proporcional e o colocou onde nossa simpatia é mais necessária, isto é, nas angústias dos outros. Se essa paixão fosse sim-

---

51. Alexandre, o Grande, que morreu de febre em 323 a.C.
52. Na *Ilíada* e na *Odisseia* de Homero.
53. Públio Cornélio Cipião Africano (236-183 a.C.), estadista e general romano, ao derrotar Aníbal na batalha de Zama (202 a.C.) conquistou Cartago. Morreu em meio a acusações de ter sido subornado por Antíoco III. Marco Pórcio Catão Uticense (Catão, o jovem) (95-46 a.C.), foi um político romano famoso por sua honestidade e inflexibilidade; crítico de César e do triunvirato, suicidou-se após a vitória de Júlio César na batalha de Tapso. Em 1713, Addison escreveu uma tragédia (*Catão*) sobre seus últimos dias e suicídio.

plesmente dolorosa, afastaríamos com muito cuidado todas as pessoas e lugares que pudessem excitar tal paixão; como realmente o fazem algumas pessoas que são tão indolentes a ponto de não suportar qualquer impressão mais forte. Mas o caso é muito diferente em relação a maior parte da humanidade; não há outro espetáculo que buscamos com tanta ansiedade, como aquele que apresente alguma calamidade deplorável e incomum; dessa forma, esteja o infortúnio diante de nossos olhos, ou estejam nossos olhos voltados para ele nos relatos da história, ele sempre nos toca. Esse deleite não é puro e surge mesclado a um grande mal-estar. O deleite que temos com tais coisas nos impede de afastar as cenas de miséria; e a dor que sentimos faz que busquemos alívio ao ajudarmos as pessoas que sofrem. Tudo isso é anterior a qualquer pensamento racional e ocorre por meio de um instinto que, sem nossa concordância ativa, nos usa para seus próprios fins.

Seção XV – Os efeitos da tragédia

Assim ocorre nas calamidades reais. Nas angústias imitadas, a única diferença é o prazer resultante dos efeitos da imitação; elas nunca são tão perfeitas, mas podemos perceber que é uma imitação e, sabendo disso, ficamos um pouco mais satisfeitos. E, de fato, em alguns casos retiramos tanto, ou mais, prazer dessa fonte que da coisa em si. Mas, então, imagino que estaríamos muito enganados se atribuíssemos qualquer parte considerável de nossa satisfação com a tragédia a uma consideração de que a tragédia é um engano e de que suas representações não são realidades. Quanto mais próxima ela está da realidade e quanto mais ela nos afasta da ideia de ficção, mais perfeito é seu poder. Mas seja qual for esse tipo de poder, ele nunca se aproxima daquilo que representa. Escolha um dia para apresentar a mais sublime e comovente tragédia existente; indique seus atores favoritos; não economize com cenas e decorações; una os grandes esforços da poesia, da pintura e da música; e, assim que tiver reunido sua audiência, no momento em que suas mentes estão distendidas em expectativa, relate que um grande criminoso está prestes a ser executado na praça ao lado; em instantes, o vazio do teatro iria demonstrar a fraqueza comparativa das artes imitativas e proclamar o triunfo da simpatia real. Acredito que esta noção de que uma dor simples da realidade é um deleite na representação origina-se do seguinte: nós não somos suficientemente capazes de distinguir entre o que absolutamente não escolheríamos fazer e o que estaríamos bastante ansiosos para ver caso um dia fosse feito. Temos deleite em ver coisas que nunca faríamos e que, na verdade, nossos mais sinceros desejos preferem corrigir.

Acredito que nenhum homem seria tão estranhamente perverso a ponto de desejar ver destruída nossa nobre capital, o orgulho da Inglaterra e da Europa, por um incêndio ou um terremoto, mas ele retirar-se-ia a uma grande distância para ver-se livre do perigo. Mas suponhamos que um acidente fatal como esse tenha ocorrido. Quantas pessoas viriam de vários lugares para ver suas ruínas e, dentre elas, muitas que ficariam felizes em nunca ter conhecido a Londres do tempo de sua glória? Nossa imunidade em relação àquilo que produz nosso deleite também não está nas angústias reais ou fictícias; não consigo descobrir nada semelhante em minha própria mente. Entendo que este erro ocorre devido a um tipo de sofisma, o qual é frequentemente imposto a nós; ele origina-se do fato de não distinguirmos entre o que realmente é uma condição necessária para fazermos ou sofrermos qualquer coisa em geral e a *causa* de algum ato específico. Se um homem me mata com uma espada, uma das condições necessárias para isso é que nós dois estivéssemos vivos antes do fato; e ainda assim seria um absurdo dizer que a causa do seu crime e da minha morte foi estarmos ambos vivos. É certo, então, que é absolutamente necessário que minha vida deva estar fora de qualquer perigo iminente antes que eu possa deleitar-me com os sofrimentos dos outros, reais ou imaginários, ou mesmo com qualquer outra coisa independentemente de sua causa. Mas, então, o sofisma está em afirmar a partir disso que esta imunidade é a causa do meu deleite nessas ou em quaisquer outras ocasiões. Acredito que ninguém tem o poder de distinguir a causa da satisfação por si próprio; ou melhor, somente podemos sentir pelos outros (enquanto nós mesmos sofremos) quando não estamos sentindo uma dor muito aguda, nem estamos expostos ao perigo iminente de perdermos nossas vidas; e, muitas vezes, então, normalmente quando estamos enfraquecidos pela aflição, conseguimos ver com pesar até mesmo as tristezas que aceitaríamos em troca do nosso.

Seção XVI – Imitação

A segunda paixão pertencente à sociedade é a imitação, ou, se preferir, o desejo de imitar e consequentemente o prazer em fazê-lo. Essa paixão origina-se em grande parte da mesma causa que a simpatia. Pois, a simpatia faz que nos preocupemos com tudo o que os homens sentem e, depois, essa emoção nos leva a copiar o que eles fazem; e, consequentemente, encontramos prazer na imitação, e em tudo o que pertence à imitação meramente como tal, sem qualquer intervenção da faculdade de raciocínio, mas unicamente por meio de nossa constituição natural, a qual foi construída pela providência de forma a permitir que tenhamos prazer ou deleite de acordo com a natureza do objeto e no que diz respeito aos propósitos de nosso ser. Aprendemos muito mais pela imitação que pela instrução; e, portanto, aquilo que assim aprendemos é recebido de maneira mais efetiva e mais prazerosa. Isto dá forma a nossa educação, nossas opiniões, nossas vidas. Esse é um dos elos mais fortes da sociedade; é uma espécie de respeito mútuo que todos os homens entregam uns aos outros, sem se obrigarem a isso; algo que é muito lisonjeiro para todos. Sobre isso, a pintura e muitas outras belas-artes estabeleceram um dos principais fundamentos de seu poder. E, tendo em vista que sua influência sobre nossos costumes e nossas paixões possui consequências tão grandes, arrisco-me a estabelecer aqui uma regra que, com um bom grau de certeza, pode nos informar quando devemos atribuir o poder das artes à imitação, ou ao prazer que temos meramente com a habilidade do imitador e quando devemos atribuí-lo à simpatia, ou a alguma outra causa em conjunto com ela. Quando o objeto representado na poesia ou na pintura é algo que não desejaríamos ver manifestado na realidade, então posso garantir que seu poder na poesia ou na pintura é devido ao poder da imitação e não a uma causa que opera na coisa em si. Isso é o que ocorre na maioria das obras que os pintores chamam de natureza-morta. Por meio dessas obras, somos capazes de sentir prazer por uma casa de campo, por uma esterqueira e pelos mais comuns e vulgares utensílios de cozinha. Mas quando o objeto da pintura ou do poema é algo que nos faria correr para, caso fosse real, ver como ele nos afeta, independentemente dos estranhos sentimentos que pudesse produzir, então poderíamos confiar que o poder do poema ou das imagens se deve mais à natureza da coisa em si do que ao mero efeito da imitação ou simples habilidade do imitador, mesmo que extraordinária. Aristóteles falou tanto e tão solidamente sobre a força da imitação em sua poética, que qualquer discurso adicional sobre este assunto se torna desnecessário.

Seção XVII – Ambição

Embora a imitação seja um dos grandes instrumentos utilizados pela providência para levar nossa natureza a sua perfeição, ainda assim se os homens se entregarem totalmente à imitação, e cada um deles seguir o outro, e assim por diante em um círculo eterno, é fácil perceber que nunca mais haverá quaisquer aprimoramentos entre eles. Os homens seriam como os animais, iguais do início ao fim de suas vidas e o mesmo que eram desde o começo do mundo. Para evitar isso, Deus colocou no homem um sentimento de ambição e uma satisfação decorrente da contemplação de sua excelência sobre seus companheiros em algo considerado valioso entre eles. É esta paixão que impele os homens a fazer tudo o que os vemos fazer para distinguirem-se dos outros e que tende a tornar-se tão agradável tudo o que, no homem, excita a ideia desta distinção. Ela é tão forte a ponto de fazer que muito homens miseráveis confortem-se com a ideia de serem superiores em sua miséria; e bem certo que, quando não conseguimos nos distinguir por algo extraordinário, começamos a nos inclinar para certas enfermidades, loucuras ou defeitos singulares de um tipo ou de outro. É por meio desse princípio que a bajulação é tão prevalente, pois a bajulação não é mais do que o surgimento, na mente de um homem, da ideia de uma preferência que ele não tem. Agora, tudo, sob princípios verdadeiros ou não, que tende a elevar o conceito de si próprio em um homem, produz uma espécie de inchaço e triunfo que é extremamente gratificante para a mente humana; e esse inchaço não é mais percebido, nem opera com maior força, do que quando, sem corrermos perigo, estamos entretidos com objetos terríveis: a mente reivindica continuamente para si alguma parte da dignidade e da importância das coisas que contempla. Daí procede aquilo que Longino observou sobre a jactância e o sentimento de grandeza interior que sempre inundam o leitor de certas passagens de poetas e oradores por serem sublimes; é o que todo homem deve ter sentido em si mesmo em tais ocasiões.

Seção XVIII – Recapitulação

Resumiremos tudo o que foi dito em alguns pontos distintos. As paixões que pertencem à autopreservação voltam-se para a dor e o perigo; elas são simplesmente dolorosas quando suas causas nos afetam de forma imediata; elas são deleitosas quando temos uma ideia de dor e de perigo, sem estarmos verdadeiramente em tais circunstâncias; não chamei o deleite de prazer, pois ele é encontrado na dor e porque é bastante diferente de qualquer ideia de prazer positivo. Chamo de *sublime* aquilo que excita esse deleite. As paixões pertencentes à autopreservação são as mais fortes de todas as paixões.

O segundo título em que encetei às paixões, isto é, a sociedade, relaciona-se com sua causa final. Existem dois tipos de sociedades. A primeira é a sociedade dos sexos. A paixão pertencente a ela chama-se amor, e contém uma mistura de luxúria; seu objeto é a beleza das mulheres. A outra é a grande sociedade estabelecida com o homem e com outros animais. A paixão subserviente a ele também se chama amor, mas não está mesclada à luxúria, e seu objeto é a beleza, que é o nome que aplicarei a todas as características de coisas que induzem em nós um sentimento de afeição e ternura ou alguma outra paixão que mais se aproxima destas. A paixão do amor tem sua origem no prazer positivo; ela é, como todas as coisas que se originam do prazer, capaz de ser mesclada com um modo de desconforto, ou seja, a ideia de seu objeto é excitada na mente em conjunto e ao mesmo tempo que surge uma ideia de tê-lo perdido irremediavelmente. Não chamei de *dor* a esse sentimento de prazer, pois ele volta-se ao prazer real e porque possui uma natureza completamente diferente tanto em sua causa quanto na maioria dos seus efeitos.

Ao lado da paixão geral da sociedade, uma escolha pela qual somos dirigidos pelo prazer que temos pelo objeto, a paixão particular sob este mesmo título chama-se simpatia e tem maior extensão. A natureza dessa paixão é nos colocar no lugar dos outros em quaisquer circunstâncias em que ele esteja e, assim, ela nos afeta de modo similar; assim, essa paixão pode, conforme exigido pela ocasião, voltar-se para a dor ou para o prazer, mas com as modificações mencionadas na Seção XI. Quanto à imitação e à preferência nada mais precisa ser dito.

Seção XIX – Conclusão

Acreditei que a tentativa de categorizar e classificar algumas de nossas principais paixões seria uma boa maneira de me preparar para a investigação que iremos fazer a seguir. Embora os tipos de paixões sejam, em todos os seus vários ramos, grandes e dignos de uma investigação atenta, as paixões relacionadas por mim são as únicas possivelmente necessárias para nosso projeto atual. Quanto mais precisa é nossa pesquisa sobre a mente humana, mais fortes são os traços que encontramos em todos os cantos a respeito da sabedoria de quem a criou. Se um discurso sobre o uso das partes do corpo pode ser considerado como um hino ao criador, então o uso das paixões, que são os órgãos da mente, não poderá deixar de louvá-lo, nem pode deixar de produzir para nós mesmos aquela nobre e rara união entre ciência e admiração, a qual somente a contemplação das obras da sabedoria infinita é capaz de oferecer a uma mente racional; pois, enquanto fizermos referência a ele em tudo que julgamos correto, bom ou justo em nós mesmos, enquanto descobrirmos sua força e sabedoria até mesmo em nossa própria fraqueza e imperfeição, enquanto as honrarmos onde quer que as encontremos claramente e adorarmos a profundidade delas sempre que nos estivermos perdidos em nossa pesquisa, então poderemos ser inquisitivos sem impertinência e elevados sem orgulho; poderemos ser aceitos, ouso dizer, como conselheiros do Todo-poderoso ao discutirmos sobre suas obras. A elevação da mente deve ser o objetivo principal de todos os nossos estudos, pois, caso não o atinjamos em certa medida, eles terão pouquíssima valia para nós. Mas, além desse grande propósito, a discussão sobre a lógica de nossas paixões parece-me ser um tema muito necessário em relação a tudo que as afetam com base em princípios sólidos e corretos. Não é suficiente conhecê-las de forma geral; para afetá-las de modo delicado, ou julgar corretamente qualquer obra projetada para afetá-las, devemos conhecer os limites exatos de suas várias jurisdições; devemos persegui-las em toda a sua variedade de operações e perfurar as partes mais internas e mais inacessíveis de nossa natureza,

quod latet arcanâ non enarrabile fibrâ.[54]

[que se ocultam secretamente e de forma ininteligível nas entranhas.]

Sem tudo isso, é possível que um homem, às vezes, consiga de uma maneira confusa satisfazer sua própria mente sobre a verdade de sua obra; mas ele nunca conseguirá chegar a uma regra certa e determinada e, também, nunca conseguirá fazer que suas proposições sejam suficientemente claras para os outros. Poetas, oradores, pintores e aqueles que cultivam outros ramos das artes liberais obtiveram sucesso – e o obterão – em suas várias áreas de trabalho sem esse conhecimento crítico; dentre os artífices, também há muitas máquinas construídas e até mesmo inventadas sem qualquer conhecimento exato dos princípios que as governam. É raro, eu suponho, estar errado em teoria e correto na prática; e nós estamos felizes por ser assim. Há homens que muitas vezes agem corretamente a partir de seus sentimentos e utilizam péssimas racionalizações para justificá-los sob algum princípio; mas, assim como é impossível evitar tal raciocínio e igualmente impossível impedi-lo de causar alguma influência em nossa prática, certamente vale a pena nos esforçar para que ele seja adequado e fundamentado em uma experiência correta. Poderíamos acreditar que os próprios artistas seriam nossos guias mais seguros; mas os artistas estão muito ocupados com a prática; os filósofos têm feito muito pouco e o que eles fizeram está normalmente intrincado com um olho em seus próprios esquemas e sistemas; e quanto àqueles que chamamos de críticos, eles geralmente buscam

---

54. Citação das *Sátiras*, 5, v. 29, de Aulo Pérsio Flaco (Aulus Persius Flacus em latim) (34-62 d.C.), poeta satírico de Roma e adepto do estoicismo.

pela regra das artes no lugar errado; procuraram-na entre poemas, retratos, gravuras, estátuas e edifícios. Mas não há como a arte oferecer as regras da arte. Esta é, acredito, a razão por que os artistas em geral e principalmente os poetas estão confinados a um círculo tão estreito; eles são mais imitadores uns dos outros que da natureza; e isso ocorre com uma uniformidade tão fiel e há tanto tempo, que é difícil dizer quem fez o primeiro modelo. Os críticos os seguem e, portanto, não podem fazer muito como guias. Não há muito que eu possa julgar enquanto estiver medindo suas características por nenhuma outra regra, exceto pela própria coisa. A verdadeira regra das artes está ao alcance de todos os homens; e uma observação simples do homem mais comum, às vezes sobre as coisas mais inferiores da natureza, oferecerá a luz mais verdadeira, enquanto a maior sagacidade e diligência, ao desprezar tal observação, deixam-nos no escuro, ou o que é pior, nos entretêm e enganam com suas luzes falsas. Uma investigação deve tomar rapidamente o caminho correto. Sei que estas observações consideradas em si mesmas têm pouco impacto. Além disso, eu nunca teria me esforçado para digeri-las, muito menos me aventuraria a publicá-las se não estivesse convencido de que nada tende mais para a corrupção da ciência do que ser o causador de sua estagnação. Estas águas devem ser agitadas para que possam exercer suas virtudes. Um homem pode trabalhar além da superfície das coisas e, mesmo que esteja errado, ele abre caminho para os outros e pode tentar fazer que até mesmos seus erros sejam subservientes à causa da verdade. Nas próximas partes deste livro, investigarei quais são as coisas que nos causam as afeições da beleza e do sublime e, ao mesmo tempo, farei considerações sobre as próprias afeições. Peço apenas um favor: que nenhuma parte deste discurso seja julgada por si só e independentemente do resto, pois sei que não organizei meus materiais de forma a conseguirem resistir ao teste de uma controvérsia capciosa, mas apenas ao exame sóbrio e até mesmo complacente; eles não estão armados em todos os pontos para a batalha, mas vestidos para visitar aqueles que estão dispostos a deixar a verdade entrar de forma pacífica.

Fim da Primeira Parte.

Parte II

Seção I – A paixão causada pelo sublime

A paixão causada pelo grandioso e sublime na *natureza*, quando estas causas operam em suas formas mais poderosas, é o Assombro; e o assombro é aquele estado da alma em que todos os seus movimentos estão suspensos e com algum grau de horror[55]. Neste caso, a mente está tão inteiramente preenchida por seu objeto, que ela não consegue entreter qualquer outro nem, por consequência, raciocinar sobre o objeto que a ocupa. Daí surge o grande poder do sublime, que longe de ser produzido por nossos raciocínios, ocorre antes deles e passa por nós com uma força irresistível. O assombro, como eu disse, é o efeito do sublime em seu mais alto grau; seus efeitos menores são a admiração, a reverência e o respeito.

Seção II – Terror

Nenhuma outra paixão rouba tão efetivamente a mente de todos os seus poderes de ação e de raciocínio como o medo[56]. O medo é uma ansiedade da dor ou da morte e, por isso, funciona de uma forma que se assemelha à dor real. Dessa maneira, tudo que é terrível para a visão também é sublime, independentemente de a causa do terror ser de grandes dimensões ou não, pois é impossível observar coisas perigosas como insignificantes e desprezíveis. Existem muitos animais que, mesmo sendo pequenos, são capazes de originar a ideia do sublime, porque eles são considerados objetos de terror. Por exemplo, as serpentes e os animais peçonhentos de quase todos

---

55. Parte I, Seções III, IV e VII. (N.A.)
56. Parte IV, Seções III, IV, V e VI. (N.A.)

os tipos. Agora, as coisas de grandes dimensões, se incorporarmos a elas uma ideia extrínseca de terror, elas se tornam incomparavelmente maiores. Uma planície de vasta extensão não é, certamente, uma ideia inferior; a paisagem de tal planície pode ser tão extensa quanto a paisagem do oceano; mas será que ela consegue preencher a mente com algo que seja tão grande como o oceano em si? Isso é devido a várias causas, mas deve-se a nada mais que isso: o oceano é um objeto de grande terror. Na verdade, o terror é – em todos os casos, seja de forma mais aberta ou mais velada – o princípio governante do sublime. Vários idiomas mantêm um forte testemunho da afinidade dessas ideias. Eles costumam utilizar a mesma palavra para significar, indiferentemente, os modos de assombro ou admiração e aqueles do terror. *Thámbos*[57] significa, em grego, medo ou admiração; *deinós*[58] significa terrível ou respeitável; *aidéô*[59], reverência ou medo. *Vereor*, em latim, é o mesmo que *aidéô* em grego. Os romanos usavam o verbo *stupeo*, um termo que marca fortemente o estado de uma mente assombrada, para expressar o efeito do medo simples, ou do assombro; a palavra *attonitus* (atingido por um raio) é igualmente expressiva da aliança dessas ideias; o mesmo vale para a palavra francesa *etonnemente* e os termos em inglês *astonishment*[60] e *amazement*, pois indicam claramente as emoções afins que participam do medo e da admiração. Tenho certeza de que as pessoas com um conhecimento melhor das línguas poderiam produzir muitos outros exemplos igualmente impressionantes.

Seção III – Obscuridade

Para que qualquer coisa se torne terrível, a obscuridade[61] parece em geral ser necessária. Quando conhecemos a extensão total de algum perigo ou quando conseguimos acostumar nossos olhos a isso, uma grande parte de nossa ansiedade desaparece. Todas as pessoas entenderão isso se avaliarem quanto a noite aumenta nosso temor em todos os casos de perigo e quanto as noções de fantasmas e duendes, sobre os quais ninguém possui ideias claras, afetam as mentes que dão crédito aos contos populares desses tipos de seres. Os governos despóticos, criados com fundamento nas paixões

---

57. Em caracteres gregos no original, θάμβος.
58. Em caracteres gregos no original, δεινός.
59. Em caracteres gregos no original, αἰδέω.
60. O vocábulo inglês *astonishment* foi traduzido por assombro neste texto.
61. Parte IV, Seções XIV, XV e XVI. (N.A.)

dos homens e, principalmente, na paixão do medo, mantêm seu chefe o mais longe possível dos olhos das pessoas. A política tem sido a mesma em muitas religiões. Quase todos os templos pagãos eram escuros. Mesmo nos templos bárbaros dos americanos atuais, seu ídolo é mantido em uma parte escura da cabana, que é consagrada a sua adoração. Para essa finalidade também os druidas executavam todas as suas cerimônias no centro dos bosques mais escuros e à sombra dos maiores e mais antigos carvalhos. Nenhuma outra pessoa, senão Milton, parece ter mais bem compreendido o segredo da intensificação ou do estabelecimento de coisas terríveis em sua (se me permitem a expressão) luz mais forte pela força do uso prudente da obscuridade. Sua descrição da Morte no segundo livro é admiravelmente planejada; são espantosas a pompa sombria e a incerteza significativa e expressiva dos traçados e das cores que ele oferece ao retrato do rei dos terrores[62].

> [...] *The other shape,*
> *If shape it might be called that shape had none*
> *Distinguishable, in member, joint, or limb;*
> *Or substance might be called that shadow seemed,*
> *For each seemed either; black he stood as night;*
> *Fierce as ten furies; terrible as hell;*
> *And shook a deadly dart. What seemed his head*
> *The likeness of a kingly crown had on.*[63]
>
> [A outra forma,
> se é que podemos chamar de forma aquela em que nada
> se distingue, nem membros, nem juntas, nem limites;
> ou chamarmos de substância o que parece uma sombra,
> pois uma parece a outra; negro como a noite;
> feroz como dez fúrias; terrível como o inferno;
> e brandia um dardo terrível. E no que parecia ser sua cabeça,
> havia algo que se assemelhava a uma coroa real.]

Nesta descrição, tudo é escuro, incerto, confuso, terrível e extremamente sublime.

---

62. Isto é, o demônio da religião cristã.
63. MILTON, John (1608-1674). *Paraíso Perdido*, 11, 666-673. Em comparação com a edição em inglês (*Paradise lost*), na linha 5 deveria estar escrito "For each seemd either; black *it* stood as night"; e na linha 7 deveria haver "a dreadful dart" e não "deadly dart". Na tradução de António José de Lima Leitão (1787-1856): "O outro fantasma, em que não é possível/ Distinguir as feições, julgar dos membros,/ Substância informe, escurecida sombra,/ Tem o aspecto da Noite, o horror do Inferno,/ De Fúrias dez ostenta a feridade,/ Pronto para o brandir um dardo empunha,/ E na altura maior, que inculca fronte,/ De c'roa real cingido se afigura".

Seção IV – A diferença entre clareza e obscuridade no que diz respeito às paixões

Uma coisa é deixar uma ideia clara, outra é fazer que ela *afete* a imaginação. Se eu desenhar um palácio, um templo ou uma paisagem, apresento uma ideia bastante clara desses objetos; mas (aceitando o efeito da imitação, que é algo importante) meu desenho pode no máximo afetar apenas da mesma forma que um palácio, um templo ou uma paisagem teriam afetado a imaginação na realidade. Por outro lado, a descrição verbal mais viva e espirituosa que eu posso fazer gera *ideias* muito obscuras e imperfeitas desses objetos; mas então a geração de uma *emoção* forte depende mais do poder de minha descrição do que da melhor pintura. Essa experiência costuma ser a prova disso. A forma adequada de transmitir as *emoções* da mente de uma pessoa para outra ocorre por meio de palavras; há uma grande insuficiência em todos os outros métodos de comunicação; e, além disso, a clareza das imagens está tão longe de ser absolutamente necessária para causarmos influência sobre as paixões, a ponto de podermos considerá-las em funcionamento mesmo que não apresentemos quaisquer imagens, utilizando, em vez delas, certos sons adaptados para esse fim, conforme está suficientemente evidenciado pelos efeitos reconhecidos e poderosos da música instrumental. Na realidade, as paixões são muito pouco instigadas pela grande clareza, pois ela é um tipo de inimigo de todo e qualquer entusiasmo.

Seção [IV] – Continuação do mesmo assunto

Existem dois versos na *Arte poética* de Horácio que parecem contradizer esta opinião, razão pela qual eu gastarei mais tempo para esclarecer a questão. Os versos são os seguintes:

Segnius inritant animos demissa per aurem
Quam quæ sunt oculis subjecta fidelibus.[64]

[O que nos vem pelos ouvidos é menos estimulante à mente
que aquilo que é posto diante de nossos olhos fiéis.]

Quanto a isso, o abade Dubos fundamenta uma crítica[65] em que ele prefere a pintura à poesia no tópico sobre a incitação das paixões; principalmente por causa da maior *clareza* de ideias que a primeira apresenta. Acredito

---

64. *Ars poetica*, 180-181.
65. DUBOS, Jean Batiste. *Réflexions critiques sur la poesie et sur la peinture* (editado pela primeira vez em 1719).

que este excelente crítico foi levado a esse erro (se for um erro) por seu sistema, com o qual sua opinião lhe pareceu estar mais em conformidade do que, creio, conseguiremos descobrir pela experiência. Conheço várias pessoas que admiram e amam a pintura e que, mesmo assim, consideram os objetos de sua admiração nesta arte com frieza comparável ao calor que sentem por obras emocionantes de poesia ou retórica. Não consegui perceber se, entre o tipo comum de pessoas, a pintura causa grande influência sobre suas paixões. É verdade que os melhores tipos de pintura, bem como os melhores tipos de poesia, não são muito compreendidos por esse grupo de pessoas. Mas é mais certo que suas paixões são fortemente despertadas por um pregador fanático, ou pelas baladas de Chevy Chase[66], ou pelas crianças no bosque e por outros pequenos poemas populares e contos comuns entre as pessoas dessa classe social. Não conheço qualquer pintura, má ou boa, que produza o mesmo efeito. Assim, a poesia com toda sua obscuridade tem um domínio mais geral e mais poderoso sobre as paixões do que a outra arte. E acredito haver razões naturais porque a ideia obscura, quando transmitida corretamente, afeta mais do que a clara. É nossa ignorância das coisas que faz toda a nossa admiração e, principalmente, excita nossas paixões. Conhecimento e familiaridade fazem que as causas mais marcantes causem pouca emoção. Assim ocorre com os comuns; mas, sabemos que todos os homens são comuns em relação ao que não entendem. As ideias de eternidade e infinito estão entre as que mais afetam e, mesmo assim, não há outro tema que realmente entendemos tão pouco como o infinito e a eternidade. Não encontramos uma descrição mais sublime do que a célebre passagem de Milton em que ele retrata Satanás com uma dignidade tão apropriada ao assunto.

> [...] He above the rest
> In shape and gesture proudly eminent
> Stood like a tower; his form had yet not lost
> All her original brightness, nor appeared
> Less than archangel ruin'd, and th' excess
> Of glory obscured: as when the sun new ris'n
> Looks through the horizontal misty air
> Shorn of his beams; or from behind the moon
> In dim eclipse disastrous twilight sheds
> On half the nations; and with fear of change
> Perplexes monarchs.[67]

---

66. *The Ballad of Chevy Chase* é uma canção popular da tradição oral que conta a história de um grupo de caçadores nos montes Cheviot.
67. *Paraíso Perdido*, 1, 589-599. Na tradução de António José de Lima Leitão: "Que acima deles todos se sublima,/ Soberbo em forma, em atitude, em porte,/ Igual de torre às casas iminente./

[Ele, acima de todos,
era como uma torre em sua forma e gestos orgulhosamente altivos;
sua forma ainda não havia perdido
seu brilho original, nem parecia
menos que um arcanjo arruinado e com o excesso
de glória obscurecido: tal como nos parece o sol
quando surge na atmosfera nebulosa do horizonte,
desnudado de seus raios; ou por detrás da lua
em um eclipse escurecedor,
lançando metade das nações em um crepúsculo e atemorizando
os monarcas que temem a mudança.]

    Eis um retrato bastante nobre; mas, em que consiste esta imagem poética? Em imagens de uma torre, um arcanjo, o sol nascente através da névoa, ou em um eclipse, a ruína dos monarcas e as revoluções dos reinos. A mente é alvejada por uma congestão de imagens grandiosas e confusas que afetam justamente por serem congestionadas e confusas. Quando separarmos as imagens, perdemos muito dessa grandeza, mas ao uni-las, perdemos infalivelmente a clareza. As imagens geradas pela poesia são sempre deste tipo obscuro, mas, em geral, os efeitos da poesia não devem ser atribuídos às imagens que ela gera. Analisaremos este tema com mais detalhes deste ponto em diante[68]. Mas a pintura, quando aceitamos o prazer da imitação, só consegue afetar de forma simples por meio das imagens que apresenta; porém, mesmo na pintura, a obscuridade planejada em algumas coisas contribui para o efeito da imagem; isso porque as imagens da pintura são exatamente semelhantes às da natureza; e porque, por sua natureza, as imagens escuras, confusas e incertas têm um poder maior sobre a imaginação para formar paixões mais grandiosas do que têm aquelas que são mais claras e determinadas. Mas onde e quando esta observação pode ser aplicada na prática e até que ponto ela pode ser estendida será mais bem deduzido a partir da natureza do assunto e da ocasião, do que de quaisquer regras que possam ser dadas.

    Estou ciente de que essa ideia encontra oposição e ainda é suscetível de ser rejeitada por várias pessoas. Mas devemos considerar que quase tudo que atinge a mente com sua grandiosidade tem algum tipo de abordagem

---

    Do brilho original inda conserva/ Boa porção, – nem menos parecia/ Do que um arcanjo a que somente falta/ De sua glória o resplendor mais vivo/ (Tal é o sol nascente, quando surge/ Por cima do horizonte nebuloso,/ De sua coma fúlgido privado;/ Ou quando posto por detrás da lua,/ E envolto no pavor de escuro eclipse,/ Desastroso crepúsculo derrama/ Pela metade do orbe, e os reis consterna/ Em seu poder temendo algum desfalque)".

68. Parte V. (N.A.)

relacionada com o infinito, o qual não pode ser levado em conta enquanto ainda somos capazes de perceber seus limites; mas ver um objeto distintamente e perceber seus limites é a mesma coisa. Uma ideia clara, portanto, é apenas outro nome para uma ideia limitada. Há uma passagem incrivelmente sublime no Livro de *Jó*, e essa sublimidade deve-se principalmente à terrível incerteza da coisa descrita:

> Em meio a pensamentos sobre as visões da noite, quando o sono profundo cai sobre os homens, medo e tremor vieram até mim e fizeram estremecer todos os meus ossos. Então um espírito passou por meu rosto. Os pelos de minha carne ficaram eriçados. Ele parou, mas não consegui identificar sua forma; uma imagem estava ante os meus olhos; havia silêncio e eu ouvi uma voz – Pode um homem mortal ser mais justo que Deus?[69]

Assim, a passagem primeiro nos prepara com a máxima solenidade para a visão; somos inicialmente aterrorizados, antes mesmo de podermos verificar a causa obscura de nossa emoção; mas quando esta grande causa de terror surge, o que é ela? Não é ela, envolta nas sombras de sua própria escuridão incompreensível, mais temerosa, mais marcante, mais terrível do que a descrição mais viva, do que a pintura mais clara conseguiria possivelmente representá-la? Quando os pintores tentam dar-nos claras representações dessas ideias fantásticas e terríveis, acredito que eles costumam fracassar; tanto que, em relação a todas as pinturas sobre o inferno que já vi, não tenho certeza se o objetivo do artista era pintar algo cômico. Diversos pintores têm lidado com esse tipo de tema por meio da reunião do maior número possível de aparições horríveis criadas por suas imaginações; mas todos os esboços sobre as tentações de Santo Antônio que tive a oportunidade de ver eram antes um tipo de reunião de figuras estranhas, grotescas e selvagens, do que algo capaz de produzir uma paixão séria. Em todos esses temas, a poesia é mais afortunada. Suas aparições, suas quimeras, suas harpias, suas figuras alegóricas, são grandiosas e comoventes. E embora a Fama de Virgílio[70] e a Discórdia de Homero[71] sejam obscuras, elas são figuras magníficas e, na pintura, essas figuras seriam bastante claras, mas temo que elas poderiam tornar-se ridículas.

---

69. Tradução livre do Livro de Jó 4:13-17, Bíblia King James, utilizada por Burke: "*In thoughts from the visions of the night, when deep sleep falleth on men, fear came upon me, and trembling, which made all my bones to shake. Then a spirit passed before my face; the hair of my flesh stood up: it stood still, but I could not discern the form thereof: an image was before mine eyes, there was silence, and I heard a voice, saying, shall mortal man be more just than God? Shall a man be more pure than his maker?*".

70. VIRGÍLIO. *Eneida*, 4, 173.

71. HOMERO. *Ilíada*, IV, 440, 445.

Seção V – Poder

Além dessas coisas que sugerem *diretamente* a ideia de perigo e aquelas que produzem um efeito semelhante a partir de uma causa mecânica, não conheço nada sublime que não seja uma modificação do poder. E esse ramo, assim como os outros dois, surge de forma natural do terror, que é a fonte comum de todas as coisas que são sublimes. À primeira vista, a ideia de poder parece pertencer a uma classe indiferenciada que pode igualmente pertencer à dor ou ao prazer. Mas, na realidade, o afeto decorrente da ideia de um grande poder está extremamente distante de uma qualidade neutra. Em primeiro lugar, devemos lembrar[72] que a ideia de dor em seu mais alto grau é muito mais forte do que o mais alto grau de prazer; e que ela preserva a mesma superioridade através de todas as suas gradações subordinadas. Com base nisso, podemos dizer que sempre que as chances dos graus de sofrimento ou satisfação forem de algum modo iguais, a ideia do sofrimento irá sempre prevalecer. E, de fato, as ideias de dor e, sobretudo, da morte afetam tanto que, enquanto permanecermos na presença de tudo que, supostamente, tenha o poder de infligir qualquer uma das duas, será impossível estar completamente livre do terror. Além disso, sabemos por experiência que para o gozo do prazer não há necessidade de nenhum grande esforço do poder; na verdade, sabemos que esses esforços fariam de tudo para destruir nossa satisfação, pois o prazer deve ser roubado e não lançado pela força sobre nós; o prazer segue a vontade e, portanto, nós somos normalmente afetados por ele a partir de coisas que possuem uma força muito inferior à nossa. Mas a dor é sempre infligida por um poder de certa forma superior, pois nunca nos submetemos à dor por vontade própria. Assim, força, violência, dor e terror são ideias que se precipitam à mente em conjunto. Olhe para um homem, ou qualquer outro animal de força prodigiosa: qual é sua ideia antes da reflexão? Será que você pensará que essa força será subserviente a você, a sua vontade, ao seu prazer, a seu interesse em qualquer sentido? Não; sua emoção será o temor de que essa enorme força seja empregada para fins de rapina e destruição[73]. Por meio do efeito do poder em alguns poucos casos em que é possível remover grande parte da força de sua capacidade de ferir, notamos que o poder deriva toda a sua sublimidade do terror que normalmente o acompanha. Quando você faz isso, todo o sublime é retirado dele, tornando-o desprezível. Um boi é uma criatura de grande força, mas ele é uma criatura inocente, extremamente útil e oferece pouco perigo; por esta

---

72. Parte I, Seção VII. (N.A.)
73. Vide Parte III, Seção XXI. (N.A.)

razão a ideia de um boi não é grandiosa. Um touro também é forte, mas sua força é de outro tipo; muitas vezes é muito destrutivo, raramente (pelo menos entre nós) possui qualquer uso para os nossos negócios; a ideia de um touro, portanto, é grandiosa, e normalmente aparece nas descrições sublimes e comparações artísticas. Vejamos outro animal forte por meio das duas luzes distintas em que podemos considerá-lo. O cavalo sob a luz de um animal útil, apto para o arado, a estrada, a carga e em todo foco social não tem nada de sublime; contudo, não é verdade que somos afetados pelo animal *cujo pescoço está ornado com trovões, cuja magnificência das narinas é terrível, que engole seu caminho com ferocidade e raiva, quem acreditaria que este não é o som da trombeta?*[74] Nesta descrição, o caráter útil do cavalo desaparece inteiramente e o terrível e o sublime surgem súbita e simultaneamente. Estamos constantemente rodeados por animais de força considerável, mas não perniciosa. Nunca esperamos encontrar o sublime entre eles, pois o sublime acerca-se de nós na floresta sombria e no deserto uivante, sob a forma do leão, do tigre, da pantera ou do rinoceronte. Sempre que a força é apenas útil e empregada para nosso benefício ou prazer, ela nunca é sublime, pois nada poderá ser agradável a nós se não agir em conformidade com a nossa vontade; mas para agir de acordo com nossa vontade, deve estar sujeita a nós; e, portanto, nunca poderá ser a causa de uma concepção grandiosa e imponente. A descrição do burro selvagem, em *Jó*, cresce gradualmente até atingir uma grande sublimidade, simplesmente pela afirmação de sua liberdade e habilidade em desafiar a humanidade; caso contrário, a descrição desse animal não costuma ter nada de nobre em si. *Quem soltou as cordas* (diz ele) *do jumento selvagem? Cujo lar eu lhe dei o deserto e, por morada, a terra infértil. Ele escarneia as multidões da cidade e não dá ouvidos à voz do condutor. As montanhas são seu pasto*[75]. A magnífica descrição do unicórnio e do leviatã no mesmo livro está cheia das mesmas circunstâncias enobrecedoras. "*O unicórnio estará disposto a servi-lo? Poderá você amarrar o unicórnio com*

---

74. Burke cita Jó 39:19, 20, 24, Bíblia King James, de forma livre: "*whose neck is cloathed with thunder, the glory of whose nostrils is terrible, who swalloweth the ground with fierceness and rage, neither believeth that it is the sound of the trumpet?*". Eis a versão original: "*Hast thou given the horse strength? Hast thou clothed his neck with thunder? Canst thou make him afraid as a grasshopper? The glory of his nostrils is terrible. He swalloweth the ground with fierceness and rage: neither believeth he that it is the sound of the trumpet*".
75. Burke cita Jó 39:5-8, Bíblia King James, de forma livre: "*Who hath loosed the bands of the wild ass? whose house I have made the wilderness, and the barren land his dwellings. He scorneth the multitude of the city, neither regardeth he the voice of the driver. The range of the mountains is his pasture*".

seu laço no sulco? Você confiará nele, porque sua força é grande? – será que você consegue atrair o Leviatã com um gancho? Fará ele uma aliança com você? Você o aceitará como servo para sempre? Veja, nele a esperança é vã: somente ao vê-lo já não nos derrubaria?"[76] Em suma, onde quer que encontremos a força e sob qualquer aspecto que observemos o poder, veremos o sublime (o acompanhante do terror) e o desprezo (o atendente subserviente e inócuo da força). A raça canina, em muitos dos seus tipos, possui geralmente um bom grau de força e rapidez; os cães exercem estas e outras valiosas qualidades que possuem para nossa comodidade e prazer na maioria dos casos. Dentre todos os animais, os cães são, de fato, os mais amáveis, carinhosos e sociais; mas o amor se aproxima muito mais do desprezo do que é comumente imaginado; e nesse sentido, embora nós acariciemos os cães, tomamos emprestado deles os termos mais desprezíveis, quando empregamos palavras de censura; e esses termos são, em todas as línguas, a marca comum da mais alta vileza e desprezo. Os lobos não são mais fortes do que várias espécies de cães; mas por causa de sua incontrolável ferocidade, a ideia de um lobo não é desprezível; ela não está excluída das grandes descrições e comparações. Assim, somos afetados pela força, que é o poder *natural*. O poder originado da instituição de reis e comandantes tem a mesma conexão com o terror. Os soberanos são frequentemente tratados com o título de *Majestade temível*. E pode-se observar que os jovens pouco familiarizados com o mundo e que não estão acostumados a se aproximarem dos homens que estão no poder são normalmente atingidos por um temor que lhes retira o uso livre de suas faculdades. *Quando eu preparei meu assento na rua* (diz Jó), *os jovens me viram e se esconderam*[77]. Essa timidez em relação ao poder é, de fato, tão natural e ela se insere tão fortemente em nossa constituição, que muitos poucos são capazes de conquistá-lo sem que façam parte dos negócios do grande mundo ou sem que gerem grande violência às suas disposições naturais. Sei que algumas pessoas são da opinião de que o temor – e nenhum grau de terror – não acompanha a ideia de poder e arriscam-se a afirmar que podemos contemplar a ideia do próprio Deus sem

---

76. Jó 39: 9-11: "*Will the unicorn be willing to serve thee, or abide by thy crib? Canst thou bind the unicorn with his band in the furrow? or will he harrow the valleys after thee? Wilt thou trust him, because his strength is great? or wilt thou leave thy labour to him?*". 41:1, 4, 9, Bíblia King James: "*Canst thou draw out leviathan with an hook? or his tongue with a cord which thou lettest down? [...] Will he make a covenant with thee? wilt thou take him for a servant for ever? [...] Behold, the hope of him is in vain: shall not one be cast down even at the sight of him?*".
77. Jó 29:7-8, Bíblia King James: "*When I prepared my seat in the street! The young men saw me, and hid themselves*".

que tenhamos qualquer emoção desse tipo. Quando, inicialmente, considerei este assunto, evitei propositadamente introduzir a ideia desse ser grandioso e formidável como um exemplo para um argumento tão leve como este; apesar disso, ele ocorreu a mim com frequência, não como uma objeção de minhas noções sobre esta matéria, mas como uma forte confirmação. Espero não ser presunçoso no que vou dizer, pois em tal assunto é quase impossível que qualquer mortal possa falar com propriedade rigorosa. Dessa forma, ao considerarmos a natureza de Deus somente como um objeto do entendimento que forma uma ideia conjunta de poder, sabedoria, justiça e bondade, características que são estendidas a um grau que excede os limites da nossa compreensão e ao considerarmos a divindade sob esta luz abstrata e refinada, a imaginação e as paixões são pouco ou nada afetadas. Mas, já que, por causa do estado de nossa natureza, devemos chegar a essas ideias puras e intelectuais por meio de imagens sensíveis e, após, julgarmos essas características divinas por suas ações e esforços evidentes, torna-se extremamente difícil separar nossa ideia da causa e do efeito pelo qual somos levados a conhecê-la. Assim, quando contemplamos a divindade, seus atributos e o funcionamento desses atributos formam uma unidade na mente, isto é, uma espécie de imagem sensível; e, dessa forma, conseguem afetar a imaginação. Agora, embora seja uma ideia correta da divindade e talvez nenhum de seus atributos seja predominante, ocorre que, em nossa imaginação, o poder é de longe o mais marcante. É necessário que façamos algumas reflexões e comparações para ficarmos satisfeitos com sua sabedoria, sua justiça e sua bondade; mas, para sermos atingidos por seu poder, basta apenas abrirmos nossos olhos. Mas ao contemplarmos um objeto tão vasto, sob a autoridade, por assim dizer, de um poder todo-poderoso e investido de onipresença, ficamos encolhidos à pequenez de nossa própria natureza e somos de certa forma aniquilados frente a ele. E, embora a consideração de seus outros atributos possa, em certo grau, aliviar nossas apreensões, ainda assim, nem convicção da justiça do exercício do poder, nem a misericórdia que o atenua conseguem remover totalmente o terror que surge naturalmente de uma força que nada pode resistir. Se nos alegramos, nos alegramos com temor; e mesmo quando recebemos benefícios, tudo que conseguimos fazer é tremer perante um poder capaz de conferir benefícios de tão grande importância. Quando o profeta Davi contemplou as maravilhas da sabedoria e do poder, que são exibidas na excelência do homem, ele parece ter sido atingido por uma espécie de terror divino e grita, *minha natureza é terrível e maravilhosa!*[78] Um poeta pagão tem um sentimento de natureza semelhante: Horácio nota que consegue observar o imenso e glorioso tecido do universo sem terror ou perplexidade como o último esforço da força filosófica.

> *Hunc solem, et stellas, et decedentia certis*
> *Tempora momentis, sunt qui formidine nulla*
> *Imbuti spectent.*[79]
>
> [Existem aqueles que veem este sol, as estrelas
> e os movimentos uniformes das estações e, mesmo assim,
> não se impregnam de reverência.]

Lucrécio é um poeta conhecido por não aceitar os terrores supersticiosos; no entanto, quando ele imagina que todo o mecanismo da natureza estabelecida foi esclarecido pelo mestre de sua filosofia, sua euforia em relação a essa magnífica visão, representada pelos tons vivos e vigorosos de sua poesia, fica sombreada por um tom secreto de horror e pavor.

> *His tibi me rebus quædam Divina voluptas*
> *Percipit, adque horror, quod sic Natura tua vi*
> *Tam manifesta patet ex omni parte retecta.*[80]
>
> [Assim, de tudo isso, sou tomado por uma certa voluptuosidade divina
> e um tremor, pois toda a natureza, por seu poder,
> está aberta e visível em todas as partes.]

Mas a Bíblia pode por si própria oferecer ideias sujeitas à majestade desse tema. Nas Escrituras, sempre que Deus fala ou manifesta-se, todas as coisas terríveis da natureza são invocadas para aumentar a intimidação reverente e a solenidade da presença divina. Os *Salmos* e os livros proféticos estão cheios de exemplos desse tipo. *A terra estremeceu* (diz o salmista), *os céus também caíram na presença do Senhor*[81]. E o que é notável, a pintura preserva a mesma característica, tanto quando ele desce para vingar-se dos iníquos, bem como quando ele exerce a plenitude de seu poder em atos benéficos para a humanidade. *Trema, ó terra! Na presença do Senhor; na presença do Deus de Jacó; que transformou pedra em lago de água, o seixo em*

---

78. *Salmos* 139:14.
79. *Epístolas*, Livro 1, Epístola 6, v. 3-5.
80. *De Rerum Natura*, III, 28-30 (citado com erro por Burke) do poeta romano Lucrécio (*c.* 99-*c.* 55 a.C.). A citação correta seria: "*his ibi me rebus quaedam divina voluptas/ percipit* atque *horror, quod sic natura tua vi/ tam manifesta* patens *ex omni parte retecta* est".
81. *Salmos* 68:8.

uma fonte de água![82] Seria uma tarefa sem fim enumerar todas as passagens dos escritores sagrados e profanos que estabelecem o sentimento geral da humanidade em relação à união inseparável entre o temor reverencial e sagrado e as nossas ideias da divindade. Daí a máxima comum, *primos in orbe deos fecit timor* (primeiro, o medo criou os deuses no mundo)[83]. Esta máxima pode ser, e acredito que seja, falsa no que diz respeito à origem da religião. O criador da máxima notou a inseparabilidade dessas ideias, sem considerar que a noção de um grande poder é sempre anterior ao temor que temos em relação a ele. Mas esse temor deve necessariamente seguir a ideia de tal poder após ter sido incitado na mente. É por esse princípio que a verdadeira religião é – e deve ser – fortemente mesclada com o medo salutar; e, pelo mesmo princípio, as religiões falsas têm apenas o medo como fundamento. Antes de o cristianismo ter, por assim dizer, humanizado a ideia de divindade e tê-la trazido um pouco mais perto de nós, muito pouco era falado sobre o amor de Deus. Os seguidores de Platão possuem um pouco disso, mas só um pouco. Os outros escritores da antiguidade pagã – fossem poetas ou filósofos – não possuíam absolutamente nada. E qualquer um que considere com qualquer tipo de atenção infinita, com qualquer grau de desapego aos objetos perecíveis e por meio de quaisquer hábitos prolongados de piedade e de contemplação que qualquer homem é capaz de amar e devotar-se completamente à divindade, irá facilmente perceber que esse não é o efeito primário, o mais natural e mais marcante originado dessa ideia. Dessa maneira, seguimos o poder em suas várias gradações até a mais alta de todas, quando a nossa imaginação fica finalmente perdida; e descobrimos que o terror, em quase todo esse processo, se mantém ativo como seu companheiro inseparável e cresce junto com ele em todos os pontos onde é possível encontrá-los. Tendo em vista que o poder é, sem dúvida, uma fonte importantíssima do sublime, ele irá apontar evidentemente para a origem de sua energia e a que classe de ideias devemos uni-lo.

Seção VI – Privação

Todas as privações *gerais* são grandiosas, porque elas são todas terríveis; *Vazio*, *Escuridão*, *Solidão* e *Silêncio*. Virgílio, com tamanho fogo imaginativo, mas sem deixar de lado a austeridade do juízo, reuniu todas essas

---

82. *Salmos* 114:7-8.
83. *Tebaida*, III, 661, do poeta romano Estácio (*c.* 40-*c.* 96 d.C.). Burke escreve "primos" quando deveria ter impresso "primus".

circunstâncias no local em que ele sabia que todas as imagens de uma tremenda dignidade deveriam estar juntas, a saber, na boca do inferno! Local onde, antes de revelar os segredos do grande abismo, ele parece ser tomado por um temor religioso e retirar-se assombrado por sua própria ousadia.

> *Dii quibus imperium est animarum, umbræq; silentes!*
> *Et Chaos, et Phlegethon! loca nocte silentia late?*
> *Sit mihi fas audita loqui! sit numine vestro.*
> *Pandere res alta terra et* caligine *mersas!*
> *Ibant* obscuri, sola *sub* nocte, *per* umbram,
> *Perque domos Ditis* vacuas, *et* inania *regna.*[84]

> [Ó deuses deste vasto império! Ó espíritos dos mortos e sombras *silentes!*
> Ó Caos, Rio de Fogo e enormes locais *silenciosos da Noite*,
> deixem-me revelar o que ouvi!
> Permitam-me revelar tudo que está submerso
> nas *profundidades tenebrosas* da terra.
> Seguiram *em frente escondidos* na *noite*, caminhando pelas *sombras*,
> pelos palácios *vazios* e reino *desabitado* do deus infernal.]

> *Ye subterraneous gods! whose aweful sway*
> *The gliding ghosts, and silent shades obey;*
> *O Chaos hoar! and Phlegethon profound!*
> *Whose solemn empire stretches wide around;*
> *Give me, ye great tremendous powers, to tell*
> *Of scenes and wonders in the depth of hell;*
> *Give me your mighty secrets to display*
> *From those black realms of darkness to the day.*[85]

> Obscure *they went through dreary* shades *that led*
> *Along the* waste *dominions of the* dead.[86]

Seção VII – Vastidão

A grandeza[87] da dimensão é uma causa poderosa do sublime. Isto é tão evidente e a observação tão comum que não há necessidade de qualquer ilustração; não é tão comum examinar as maneiras que a grandeza da dimen-

---

84. *Eneida*, VI, 264-269 (Entrada do Hades). Burke, novamente, comete erros na citação. Eis a correta: "Di, quibus imperium est animarum, umbraeque silentes,/ et Chaos, et Phlegethon, loca nocte tacentia late,/ sit mihi fas audita loqui; sit numine vestro/ pandere res alta terra et caligine mersas!/ Ibant obscuri sola sub nocte per umbram,/ perque domos Ditis vacuas et inania regna".
85. *Eneida*, VI, 264-267, tradução (1740) de Christopher Pitt (1699-1748).
86. *Eneida*, VI, 268-269, tradução (1697) de John Dryden (1631-1700).
87. Parte IV, Seção IX. (N.A.)

são, a vastidão da medida ou da quantidade possuem o efeito mais marcante. Certamente existem formas e modos por meio dos quais a mesma quantidade de extensão consiga produzir efeitos maiores do que aqueles encontrados em outros. A extensão é observada no comprimento, na altura ou na profundidade. Destes três, o comprimento é o menos marcante; um capo de cem jardas [91,44 metros] nunca causará o efeito produzido por uma torre de cem jardas de altura, ou uma rocha ou montanha dessa mesma altura. Posso imaginar, da mesma forma, que a altura é menos importante que a profundidade; e que nós somos mais afetados ao olharmos para baixo em um precipício que olhar para um objeto de mesma altura, mas sobre isso não tenho muito certeza. Uma perpendicular tem mais força para a formação do sublime que um plano inclinado; e os efeitos de uma superfície áspera e quebrada parecem mais fortes do que os encontrados em uma superfície lisa e polida. Desviaríamos de nosso caminho caso resolvêssemos lidar com as causas dessas representações; mas é certo que elas oferecem um campo grande e fecundo de especulações. No entanto, talvez não seja impróprio adicionarmos a estas observações sobre magnitude que, tendo em vista que a dimensão mais extremada do grande é sublime, então a mais extremada do pequeno também é, de certa forma, sublime; quando nos aplicamos à divisibilidade infinita da matéria, quando notamos a vida animal em seres que apesar de serem excessivamente pequenos, ainda assim são organizados a ponto de escaparem da investigação mais precisa dos sentidos, quando levamos nossas descobertas ainda mais para baixo e consideramos aquelas criaturas ainda mais diminutas e escalas de existência tão ínfimas que a imaginação e os sentidos ficam perdidos, então passamos a ficar espantados e confusos com as belezas do minúsculo e não conseguimos distinguir em seu efeito a diferença entre o extremo da pequenez e vastidão em si. Isso porque a divisão é tão infinita quanto a adição, pois é tão impossível chegarmos à ideia de uma unidade perfeita quanto a de um todo completo, ao qual nada mais pode ser acrescentado.

Seção VIII – Infinito

Outra fonte do sublime, caso não pertença ao termo da seção anterior, é o *infinito*. O infinito tem uma tendência de encher a mente com um tipo de horror deleitoso, que é o efeito mais genuíno e teste mais verdadeiro do sublime. Não há quase nada com o potencial de tornar-se objeto de nossos sentidos que seja realmente e em sua própria natureza. Mas aos olhos, não sendo capazes de perceber os limites de muitas coisas, elas parecem ser infinitas e produzem os mesmos efeitos que produziriam se fossem realmente infinitas. Somos enganados da mesma forma quando as partes de um objeto grande são tão contínuas em um grau tão indefinido, que a imaginação não consegue descobrir qualquer tipo de exame que o impeça de se estender à vontade.

Sempre que repetimos qualquer ideia com frequência, a mente por uma espécie de mecanismo repete-a bem depois que a primeira causa deixou de operar[88]. Depois de girar o corpo, quando nos sentamos, os objetos a nossa volta parecem continuar a girar. Depois de uma longa sucessão de ruídos, como os das quedas-d'águas, ou aqueles do bater de martelos nas forjas, a água continuará a rugir na imaginação muito tempo depois que os primeiros sons já deixaram de afetá-la; e eles desaparecerão gradualmente e de forma pouco perceptível. Se você segurar um bastão na vertical e olhar para sua extremidade, ele parecerá estender-se em um comprimento quase inacreditável[89]. Grave várias marcas uniformes e equidistantes neste bastão e elas causarão a mesma ilusão, parecendo multiplicar-se infindavelmente. Assim que os sentidos foram fortemente afetados de alguma maneira, não se pode mudar sua inclinação de forma rápida, ou adaptá-los a outras coisas; mas eles continuam em seu canal anterior até que a força do primeiro causador decaia. Esta é a razão de um fenômeno muito comum aos loucos, a saber, eles permanecem dias e noites inteiros, às vezes, anos inteiros repetindo constantemente alguma observação, alguma queixa ou canção; que, tendo afetado poderosamente sua imaginação desordenada já no início de seu frenesi, é reforçada a cada repetição por novo vigor; e o tumulto de seus sentimentos, desimpedidos pelo freio da razão, continua assim até o fim de suas vidas.

Seção IX – Sucessão e uniformidade

A sucessão e a *uniformidade* das partes são o que constituem o infinito artificial. 1. *Sucessão*: por esse requisito, as partes devem ser contínuas em extensão e direção por meio de seus impulsos frequentes sobre os sentidos, a fim de imprimir na imaginação a ideia de sua continuidade para além de seus limites reais. 2. *Uniformidade*: tendo em vista que, se as formas das partes são alteradas, a imaginação encontrará um obstáculo a cada mudança, em cada alteração, você é apresentado com o fim de uma ideia e o início

---

88. Parte IV, Seção XII. (N.A.) [Provavelmente, Parte IV, Seção XI. (N.T.)]
89. Parte IV, Seção XIV. [Provavelmente, Parte IV, Seção XIII.] (N.A.)

de outra; dessa forma, torna-se impossível dar continuidade a essa progressão ininterrupta, que por si só é capaz de marcar os objetos limitados com a característica de infinito[90]. É nesse tipo de infinito artificial, acredito, que devemos buscar a causa de um círculo causar um efeito tão nobre. Pois em uma figura circular, quer se trate de um edifício ou de uma plantação, não há como fixar um limite; olhe para qualquer lado e o objeto ainda parece contínuo; e a imaginação não consegue descansar. Mas as partes devem estar dispostas de forma uniforme e circular para que esta figura tenha sua força total, pois qualquer diferença – seja na disposição, na figura ou até mesmo na cor das partes – é altamente prejudicial para a ideia de infinito, a qual deve ser parada a cada mudança e interrompida a cada alteração, dando início a uma nova série. Por meio dos mesmos princípios de sucessão e uniformidade, podemos entender facilmente a aparência maravilhosa dos templos pagãos da antiguidade, que geralmente possuíam formas oblongas, com um grupo de pilares uniformes por todos os lados. Pela mesma causa podemos também derivar o efeito grandioso dos corredores de muitas de nossas antigas catedrais. A forma de uma cruz, usada na planta de algumas igrejas, não me parece tão apropriada como o paralelogramo dos antigos; pelo menos eu imagino que não seja tão apropriada para a visão externa. Pois, supondo que os braços da cruz possuem o mesmo tamanho, se você ficar em uma direção paralela a qualquer uma das paredes ou colunatas laterais, em vez de uma ilusão que torna o edifício mais longo do que é, você deixa de perceber uma parte considerável (dois terços) de seu comprimento *real*; e, para impedir qualquer possibilidade de progressão, os braços da cruz, tomando uma nova direção, fazem um ângulo reto com o feixe principal e, desse modo, não permitem que a imaginação faça a repetição da ideia anterior. Suponhamos agora que o espectador em um local onde ele pode ter uma visão direta de tal edifício; qual será a consequência? A consequência necessária será que uma boa parte da base de cada ângulo, formada pela interseção dos braços da cruz, ficará inevitavelmente perdida; o todo deverá, obviamente, aceitar uma figura sem ligação e quebrada; as luzes devem ser desiguais, forte aqui e fracas ali; não haverá aquela nobre gradação que a perspectiva sempre oferece às partes dispostas de maneira ininterrupta em uma linha reta. Independentemente da forma que você olhe, algumas – ou todas – objeções estarão assentadas em relação a qualquer tipo de cruz uti-

---

90. O Sr. Addison, ao escrever na revista *Spectator* [*The Spectator*, 409, 411-421] sobre os prazeres da imaginação, imagina que é, pois nas formas circulares, em uma rápida olhada, é possível ver metade do edifício. Imagino que esta não seja a causa real. (N.A.)

lizada. Exemplifique as objeções por meio da cruz grega, pois nela as falhas são mais aparentes, mas elas surgem em algum grau em todos os tipos de cruzes. Com efeito, não há nada mais prejudicial para a grandiosidade dos edifícios do que a abundância de ângulos; essa é uma falha óbvia em muitas construções, causada por uma sede excessiva por variedade, que, sempre que prevalece, deixa muito pouco ao verdadeiro bom gosto.

Seção X – Magnitude na arquitetura

Para o sublime na arquitetura, a grandeza da dimensão parece ser um requisito, pois a imaginação não consegue elevar-se a qualquer ideia de infinito a partir de poucas partes e de partes pequenas. Nenhuma forma grandiosa consegue compensar efetivamente a falta de dimensões adequadas. Não há perigo de os homens serem levados a projetos extravagantes por esta regra; ela traz consigo suas próprias provisões. O comprimento muito longo dos edifícios destrói o propósito da grandeza que se desejava promover, assim, a perspectiva diminuirá a altura da obra conforme ela ganha em comprimento e, por fim, a reduzirá a um ponto, transformando a figura inteira em uma espécie de triângulo, cujos efeitos, dentre todas as figuras, são os mais medíocres que podem ser apresentados aos olhos. Tenho notado que o comprimento moderado de colunatas e avenidas ladeadas por árvores as torna incomparavelmente mais grandiosas do que quando dispostas ao longo de distâncias imensas. Um verdadeiro artista é capaz de causar uma generosa ilusão aos espectadores e realizar os mais nobres projetos por meio de métodos fáceis. Os projetos que são vastos apenas por suas dimensões são sempre sinal de uma imaginação comum e medíocre. Nenhuma obra de arte é grande, exceto quando produz ilusões; o contrário é prerrogativa apenas da natureza. O olhar competente irá fixar a média entre o comprimento ou altura excessivos (pois as mesmas objeções valem para os dois) e uma quantidade pequena ou fragmentada; e talvez isso pudesse ser determinado em um grau tolerável de exatidão, caso fosse meu propósito adentrar profundamente nos detalhes das artes.

Seção XI – Infinitude dos objetos agradáveis

O infinito, embora de outra espécie, é a causa de grande parte do prazer que temos com as imagens agradáveis, bem como de nosso deleite com as sublimes. A primavera é a estação mais agradável do ano; os filhotes da maioria dos animais, embora longe de estarem completamente formados, nos oferecem uma sensação mais agradável do que o animal adulto; isso ocorre porque a imaginação busca a promessa de algo a mais e não se contenta com o presente objeto dos sentidos. Vejo, muitas vezes, nos esboços inacabados de desenhos algo que me agrada mais do que o desenho mais bem-acabado; e acredito que isso procede da causa que acabei de mencionar.

Seção XII – Dificuldade

Outra[91] fonte de grandiosidade é a *Dificuldade*. Quando uma obra parece ter requerido imensa força e trabalho para ser feita, a ideia passa a ser grandiosa. Stonehenge não é admirável por sua disposição ou ornamentos, mas aquelas enormes e rudes massas de pedra, postas em pé e empilhadas umas acima das outras, excitam a mente pela imensa força necessária para a realização de tal obra. Além disso, a rudeza do trabalho aumenta essa causa de grandeza, excluindo a ideia de arte e maquinação, pois a destreza produz outro tipo de efeito que é bastante diferente deste.

Seção XIII – Magnificência

A *magnificência* é igualmente uma fonte do sublime. *Magnífico* é a grande profusão de coisas esplêndidas ou valiosas por si mesmas. O céu estrelado, embora ocorra frequentemente aos nossos olhos, nunca deixa de excitar uma ideia de grandeza. Isto não se deve a uma qualidade das estrelas consideradas separadamente. A quantidade é certamente a causa. A aparente desordem aumenta a grandeza, pois a aparência de cuidado é altamente contrária às nossas ideias de magnificência. Além disso, as estrelas estão dispostas em uma confusão tão clara a ponto de, em condições normais, ser difícil contá-las. Isto lhes dá a vantagem de uma espécie de infinitude. Nas obras de arte, esse tipo de grandeza – que consiste no grande número – deve ser aceito de maneira muito cautelosa, pois juntar uma abundância de coisas magníficas não é possível, ou é conseguida apenas com muita dificuldade; e, porque em muitos casos, essa confusão esplêndida destruiria toda sua utilidade, que deve ser atingida pela maioria das obras de arte com o maior cuidado; além disso, deve-se considerar que, a menos que você consiga produzir uma aparência de infinito por sua desordem, você conseguirá

---

91. Parte IV, Seções IV, V e VI. (N.A.)

produzir apenas desordem, desprovida de magnificência. Há, no entanto, fogos de artifício e algumas outras coisas que conseguem ser verdadeiramente grandiosos deste modo. Há também muitas descrições de poetas e oradores que devem sua sublimidade a uma riqueza e profusão de imagens que deixam a mente tão deslumbrada a ponto de impedi-la de conseguir lidar com a coerência e concordância das alusões, as quais são necessárias em todas as outras ocasiões. Não me lembro de outro exemplo mais marcante disso que a descrição oferecida sobre o exército do rei na peça *Henrique IV*:

> All furnished, all in arms,
> All plumed like ostriches that with the wind
> Baited like eagles having lately bathed:
> [...]
> As full of spirit as the month of May,
> And gorgeous as the sun in Midsummer,
> Wanton as youthful goats, wild as young bulls.
> I saw young Harry with his beaver on
> [...]
> Rise from the ground like feathered Mercury,
> And vaulted with such ease into his seat
> As if an angel dropped down from the clouds
> To turn and wind a fiery Pegasus.[92]

> [Todos uniformizados, todos armados,
> todos aprumados como avestruzes que, com o vento,
> batem as asas como águias recém-banhadas,
> [como estátuas brilham em suas casacas douradas],
> tão cheios de vida quanto a primavera,
> belos como o sol do solstício,
> livres como cabritos, selvagens como o touro.
> Vi o jovem Harry – vestido com seu elmo
> [e armadura nas coxas, poderosamente armado],
> levantar-se do chão como um Mercúrio alado
> e saltar rapidamente até sua sela,
> como um anjo que tivesse caído das nuvens
> para domar o impetuoso Pégaso.]

No excelente livro *A sabedoria do filho de Siraque*, tão notável pela vivacidade de suas descrições, bem como pela solidez e penetração de suas sentenças, há um nobre panegírico sobre o sumo sacerdote Simon, filho de Onias; e é um exemplo excelente de nosso tema.

---

92. *Henry IV*, cena IV, I, 97-109. Burke omite os versos 100 e 105: "*Glittering in golden coats like images*" e "*His cuishes on his thighs, gallantly armed*".

Ah, como ele foi honrado em meio ao povo ao sair do santuário! Ele era como a estrela da manhã em meio a uma nuvem e como a lua cheia: como o sol que brilha sobre o templo do Altíssimo e como o arco-íris brilhando nas nuvens resplandecentes: e como as rosas na primavera do ano; como os lírios ao longo dos rios de águas e a árvore de incenso no verão; como fogo e incenso no incensário; e como um navio de ouro cravejado de pedras preciosas; como bela oliveira oferecendo seus frutos e como um cipreste que cresceu até as nuvens. Quando ele vestiu o manto de honra e estava vestido com a perfeição da glória, quando ele subiu ao altar sagrado, ele tornava honrável as vestes da santidade. Ele próprio postou-se ao lado da lareira do altar cercado por seus irmãos em seu entorno, como um jovem cedro do Líbano e como as palmeiras eles o cercavam. Assim estavam todos os filhos de Arão em sua glória e as ofertas do senhor em suas mãos etc.[93]

Seção XIV – Luz

Tendo considerado a extensão em relação a sua capacidade de gerar ideias de grandeza; consideraremos, agora, a *cor*. Todas as cores dependem da *luz*. Devemos, portanto, examinar primeiramente a luz e, com ela, seu oposto, a escuridão. No que diz respeito à luz, para que ela seja uma causa capaz de produzir o sublime, deve ser atendida com algumas circunstâncias, além de sua simples faculdade de tornar a mostrar os outros objetos. A mera luz é uma coisa muito comum para que possa causar uma forte impressão sobre a mente, e nada pode ser sublime sem que haja uma forte impressão. Mas uma luz tão gigantesca como a do sol aplicada diretamente sobre o olho é uma ideia grandiosa, pois oprime os poderes dos sentidos. A luz originada de uma força inferior a essa terá o mesmo poder caso ela se mova com grande velocidade; um raio é certamente produtor de grandiosidade, que se deve principalmente à extrema velocidade de seu movimento. Uma rápida transição entre luz e escuridão, ou vice-versa, tem um efeito ainda maior. Mas a escuridão produz mais ideias sublimes que a luz. Nosso grande poeta estava convencido disso; e, na verdade, estava tão repleto dessa ideia, tão inteiramente possuído com o poder de uma escuridão bem gerenciada que, ao descrever a aparência da divindade, em meio àquela profusão de imagens magníficas que a grandeza de seu tema o obriga a derramar em todos os cantos, ele está longe de esquecer-se da obscuridade que cerca o mais incompreensível de todos os seres, mas

---

93. *Eclesiastes* 50:5-13.

> With the majesty of darkness round
> Circles his throne.[94]
>
> [A majestade da *escuridão* do entorno
> circula seu trono.]

E, não menos notável, o segredo de nosso autor foi preservar esta ideia, mesmo quando ele parecia estar muito distante, quando ele descreve a luz e a glória que fluem da presença divina; uma luz que, exatamente por seu excesso, transforma-se em uma espécie de escuridão,

> Dark *with excessive* light *thy skirts appear.*[95]
>
> [Pelo excesso de *luz* suas saias parecem *escuras*.]

Eis uma ideia não apenas poética em um grau elevado, mas também correta em sentido estrito e filosófico. A extrema luminosidade oprime os órgãos da visão, destrói todos os objetos e, assim, assemelha-se exatamente à escuridão em seus efeitos. Depois de olhar por algum tempo para o sol, a impressão deixada por ele são duas manchas pretas que parecem dançar diante dos nossos olhos. Assim, essas duas ideias – tão opostas quanto se possa imaginar – são reconciliadas em seus extremos; e apesar da natureza oposta de ambas, elas são levadas a coincidir em sua produção do sublime. E essa não é única instância em que extremos opostos funcionam igualmente a favor do sublime, o qual abomina a mediocridade de todas as coisas.

Seção XV – Luz na arquitetura

Já que a gestão da luz é uma questão muito importante na arquitetura, vale a pena indagar quanto essa observação é aplicável às construções. Considero que todos os edifícios construídos para produzir uma ideia de sublime preferem utilizar o escuro e o sombrio e isso ocorre por duas razões; a primeira: sabemos pela experiência que a escuridão por si mesma possui um efeito maior sobre as paixões que a luz. A segunda: para que um objeto se torne bastante marcante, devemos fazer que ele seja o mais diferente possível dos objetos com os quais estamos diretamente familiarizados. Quando, portanto, entramos em um edifício, não queremos passar por uma luz maior do que a existente ao ar livre; entrar em um lugar apenas

---

94. *Paraíso Perdido*, Livro 2, v. 266-267. A citação correta: "*And with the Majesty of darkness round/ Covers his Throne*" ("A majestade da escuridão do entorno cobre seu trono").

95. *Paraíso Perdido*, Livro 3, v. 380. A citação correta: "*Dark with excessive bright thy skirts appear*" ("Pelo excesso de *claridade* suas saias parecem *escuras*").

pouco menos luminoso causará uma mudança insignificante; mas para que a transição seja completamente impressionante, precisamos passar da luz maior para a maior escuridão que seja consistente com os usos da arquitetura. À noite a regra é invertida, mas pela mesma razão; assim, quanto mais um quarto estiver iluminado, maior será a paixão causada.

Seção XVI – A cor como produtora do sublime

Dentre cores, as suaves ou alegres (exceto talvez um vermelho forte que é alegre) são impróprias para a produção de imagens grandiosas. Uma montanha imensa, coberta por uma relva verde e brilhante, não é nada grandiosa em relação a uma escura e sombria; o céu nublado é mais grandioso do que o azul; e a noite mais sublime e solene do que o dia. Portanto, na pintura histórica, um drapeado vistoso ou chamativo nunca causará um efeito apropriado; na arquitetura, quando se deseja o mais alto grau de sublimidade, os materiais e ornamentos não devem ser nem brancos, nem verdes, nem amarelos, nem azuis, nem em tom vermelho pálido, nem violeta, nem malhados, mas devem ter cores tristes, escuras e sombrias como o preto, o marrom, o roxo profundo e afins. Muitos dourados, mosaicos, pinturas ou estátuas contribuem bem pouco para o sublime. Essa regra não precisa ser posta em prática, exceto nos locais em que se deseja produzir um grau uniforme de sublimidade em todos os detalhes; pois é necessário observar que esse tipo melancólico de grandeza, apesar de ser certamente o mais elevado, não deve ser aplicado a todos os tipos de construções, mesmo onde a grandeza deve ser aplicada; em tais casos, o sublime deve ser estabelecido por meio de outras fontes, tomando-se um cuidado rigoroso contra quaisquer coisas leves e alegres, pois nada enfraquece mais o bom gosto do sublime.

Seção XVII – Som e volume

O olho não é o único órgão dos sentidos capaz de produzir uma paixão sublime. Os sons possuem um grande poder tanto nesse tipo como na maioria das outras paixões. Não me refiro às palavras, porque as palavras não afetam simplesmente por seus sons, mas por meios totalmente diferentes. O volume excessivo do som já é suficiente por si só para sobrepujar a alma, para suspender sua ação e para preenchê-la com terror. O ruído de grandes cataratas, tempestades violentas, trovão ou artilharia, todos despertam uma sensação grande e temorosa na mente, mas não conseguimos notar refinamentos ou inventividade nesses tipos de música. Os gritos das multidões têm um efeito semelhante e, apenas pela força do som, espantam e confundem tanto a imaginação, que neste deslumbre e tumulto da mente, o temperamento mais bem estabelecido mal consegue conter sua vontade de aproximar-se e juntar-se ao grito comum e à resolução comum da multidão.

Seção XVIII – Subitaneidade

Independentemente de sua força, um início súbito ou suspensão súbita do som tem o mesmo poder. A atenção é despertada por isso; e as faculdades passam a estar alertas, por assim dizer, em sua guarda. Qualquer objeto, seja para a audição ou para a visão, que transite de um extremo para o outro de forma suave não causará terror e, consequentemente, não será causa de grandiosidade. Tudo que é súbito e inesperado nos inclina ao alarme, ou seja, temos uma percepção de perigo e nossa natureza nos desperta para que possamos nos proteger. Pode-se observar que um único som de alguma força, embora de curta duração, caso seja repetido de maneira intervalada, possui um efeito grandioso. Poucas coisas causam maior temor que o bater de um grande relógio, quando o silêncio da noite impede que a atenção esteja demasiadamente dispersa. O mesmo pode ser dito sobre um golpe único em um tambor, repetido com pausas, bem como os sucessivos tiros de um canhão distante; todos os efeitos mencionados nesta seção possuem causas muito semelhantes.

Seção XIX – Intermitência

Um som baixo, trêmulo e intermitente, embora pareça em alguns aspectos oposto ao que acabo de dizer, produz o sublime. Vale a pena examinar isso um pouco. O fato em si deve ser resolvido pela experiência pessoal e reflexão de cada homem. Já observei que[96] a noite aumenta nosso terror talvez mais do que qualquer outra coisa; está em nossa natureza temer o pior quando não sabemos o que poderá acontecer conosco; e, portanto, a incerteza é tão terrível que, muitas vezes, tentamos nos livrar dela mesmo que corramos perigo de causar algum dano. Agora, alguns sons baixos,

---

96. Seção III. (N.A.)

confusos e incertos nos põem na mesma ansiedade temerosa sobre suas causas quanto a falta de luz ou uma luz vaga com relação aos objetos que nos rodeiam.

*Quale per incertam lunam sub luce maligna
Est iter in silvis.*[97]

[Assim como é o caminho pela floresta por um luar incerto, sob uma luz maligna.]

*A faint shadow of uncertain light,
Like as a lamp, whose life doth fade away;
Or as the moon cloathed with cloudy night
Doth shew to him who walks in fear and great affright.*[98]

[A sombra pálida de uma luz incerta,
como um candeeiro cuja vida se esvai;
ou como a lua vestida de noite nebulosa
parece para a quem caminha com medo e grande [triste] temor.]

Mas uma luz que surge em um momento e desaparece no outro, acendendo e apagando, é ainda mais terrível do que a escuridão total; e os sons incertos, quando as disposições mentais necessárias estão presentes, são mais alarmantes do que o silêncio total.

Seção XX – Os gritos dos animais

Os sons que imitam as vozes inarticuladas naturais dos homens, ou de algum animal com dor ou em perigo – exceto a voz bem conhecida de alguma criatura, com a qual estamos habituados a olhar com desprezo – são capazes de invocar ideias grandiosas. Os tons raivosos das feras selvagens são igualmente capazes de causar uma sensação grandiosa e temorosa.

*Hinc exaudiri gemitus, iræque leonum
Vincla recusantum, et sera sub nocte rudentum;
Setigerique sues, atque in presepibus ursi
Sævire; et formæ magnorum ululare luporum.*[99]

[Dali, ouvia-se por toda a noite os gemidos e a ira dos leões
que lutavam contra cordas e barras;
a raiva de ursos enjaulados, javalis irritados
e o uivo das sombras de grandes lobos.]

---

97. *Eneida*, VI, 270-271.
98. SPENSER. *Faerie Queene*, Livro II, Canto VII. O último verso deveria ser: "...and *sad* Affright".
99. *Eneida*, VII, 15-18.

Pode parecer que essas modulações de som carregam alguma ligação com a natureza das coisas que representam e não são apenas arbitrárias; isso porque os gritos naturais de todos os animais, mesmo dos animais que não estamos familiarizados, nunca fracassam em se tornarem suficientemente bem compreendidos; o mesmo não pode ser dito da linguagem. As modificações dos sons capazes de produzir o sublime são quase infinitas. Aqueles que mencionei são apenas alguns exemplos para demonstrar princípio sobre o qual são construídos.

Seção XXI – Olfato e paladar:
amargores e fedores

Os *objetos do Olfato* e do *Paladar* também participam das ideias grandiosas; mas o fazem de forma pequena, fraca em sua natureza e por meio de operações limitadas. Observarei apenas que não existem outros cheiros ou gostos capazes de produzir uma sensação grandiosa, exceto os amargores excessivos e os fedores intoleráveis. É verdade que as emoções causadas pelo olfato e pelo paladar, quando eles estão em toda a sua força e se lançam diretamente sobre os sentidos, são simplesmente dolorosas e não vêm acompanhadas de qualquer tipo de prazer; mas quando são moderadas, como em uma descrição ou narrativa, tornam-se fontes do sublime tão genuínas como qualquer outra, agindo pelo mesmo princípio da dor moderada. "Uma dose de amargor", beber toda a amarga "taça da fortuna", as maçãs amargas de "Sodoma". Todas essas ideias são adequadas para uma descrição sublime. A seguinte passagem de Virgílio possui sublimidade; nela, o fedor dos vapores de Albunea conspira bem com o horror sagrado e a melancolia daquela floresta profética.

> *At rex sollicitus monstrorum oraculi fauni*
> *Fatidici genitoris adit, lucosque sub alta*
> *Consulit Albunea, nemorum quæ maxima sacro*
> *Fonte sonat; sævamque exhalat opaca Mephitim.*[100]

> [E então o rei, preocupado com os assombros,
> vai até o oráculo de seu pai profeta, o Fauno;
> e consulta os bosques abaixo da alta Albunea, a clareira mais poderosa,
> que ecoa com sua fonte sagrada e *exala um vapor terrível das sombras*.]

---

100. *Eneida*, VII, 81-84. A citação deveria ser: "*At rex sollicitus monstris oracula Fauni,/ fatidici genitoris, adit lucosque sub alta/ consulit Albunea, nemorum quae maxima sacro/ fonte sonat saevamque exhalat opaca mephitim*".

Em uma descrição muito sublime efetuada em seu sexto livro, o eflúvio venenoso do rio Aqueronte[101] não é esquecido e isso, de forma alguma, discorda das outras imagens, dentre as quais é introduzida.

> *Spelunca* alta *fuit,* vastoque immanis *hiatu*
> *Scrupea, tuta* lacu nigro, *nemorumque* tenebris
> Quam super haud ullæ poterant impune volantes
> *Tenders iter pennis,* talis sése halitus atris
> Faucibus effundens supera ad convexa ferebat.[102]

[Era uma caverna pétrea e *profunda*, gigantesca com uma *entrada vastíssima*,
protegida por um *lago negro* e rodeada por um bosque *tenebroso*
onde nada conseguia abrir suas asas em um voo seguro,
pois havia *vapores que eram lançados*
pelas mandíbulas negras e levados aos céus.]

Acrescentei esses exemplos porque alguns amigos, cujo julgamento respeito bastante, eram da opinião de que se o sentimento fosse simplesmente citado, ele, à primeira vista, estaria sujeito ao burlesco e ao ridículo; mas isso, imagino, seria o resultado principalmente da consideração do amargor e do fedor em companhia de ideias desprezíveis e vis, às quais, devemos reconhecer, costumam estar ligadas; tal ligação degrada o sublime em todas as outras instâncias, bem como nestas. Mas aí está um dos testes pelos quais a sublimidade de uma imagem deve ser julgada, a saber, não se ela se torna vil quando associada a ideias vis, mas se, quando ligada a imagens de uma grandeza permitida, toda a composição é mantida com dignidade. As coisas terríveis sempre são grandiosas, mas quando as coisas possuem características desagradáveis, ou quando realmente possuem algum grau de perigo, mas de um perigo facilmente superável, elas são meramente *odiosas*, por exemplo, sapos e aranhas.

Seção XXII – Tato – Dor

Sobre o *Tato* há pouco a ser dito, senão que a ideia da dor física em todos os modos e graus de esforço, dor, angústia e tormento produz o sublime – e que nada mais pode produzi-lo nesse sentido. Não preciso oferecer aqui outros novos exemplos, pois aqueles dados nas seções anteriores ilustram em abundância uma observação que, na realidade, poderia ser feita por qualquer um que prestasse atenção à natureza.

---

101. Na mitologia grega, o Aqueronte (Dor) era um dos rios do Hades, juntamente com o Cócito (Lamento), o Flegetonte (Fogo), o Lete (Esquecimento) e o Estige (Ódio).
102. *Eneida*, VI, 237-241.

Tendo, portanto, percorrido as causas do sublime com referência a todos os sentidos, a minha primeira observação (Seção VII) será considerada muito próxima da verdade, isto é, que o sublime é uma ideia pertencente à autopreservação. Que é, portanto, um do mais comoventes que possuímos. Que sua emoção mais forte é um sentimento de angústia e que nenhum[103] prazer advindo de causa positiva pertence a ele. Inúmeros exemplos além dos mencionados poderiam ser trazidos para apoiar essas verdades e talvez muitas consequências úteis pudessem ser retiradas deles.

Sed fugit interea, fugit irrevocabile tempus,
Singula dum capti circumvectamur amore.[104]

[Mas ao escapar, o tempo foge irreparavelmente,
Enquanto isso, aprisionados pelo amor, descrevemos todos os seus detalhes.]

---

103. Vide Parte I, Seção VI. (N.A.)
104. VIRGÍLIO. *Georgics*, III, 284-285. Citação correta: "*Sed fugit interea, fugit* inreparabile *tempus, singula dum capti circumvectamur amore.*".

Parte III

Seção I – A beleza

Meu projeto inclui considerar a beleza como algo distinto do sublime; e examinar no decurso da investigação até que ponto ela é consistente com isso. Mas antes, devemos fazer uma breve revisão das opiniões existentes a respeito dessa qualidade, as quais dificilmente podem ser reduzidas a quaisquer princípios fixos, pois os homens costumam falar da beleza de forma figurativa, isto é, de maneira extremamente incerta e indeterminada. Por beleza entendo aquela qualidade (ou aquelas qualidades) dos corpos por meio da qual eles causam amor ou alguma paixão semelhante. Limito essa definição às qualidades meramente sensíveis das coisas para preservar a maior simplicidade possível desse assunto, que sempre nos desnorteia quando as várias causas da simpatia que nos ligam às pessoas ou às coisas são compreendidas por meio de considerações secundárias e não pela força direta que os objetos têm unicamente por serem vistos por nós. Eu também distingo o amor, o qual considero ser a satisfação que surge na mente ao contemplar qualquer coisa bonita, independentemente de sua natureza, seja a partir do desejo ou da lascívia, que é uma energia da mente que nos leva à posse de certos objetos, os quais não nos afetam por serem bonitos, mas por meios totalmente diferentes. Podemos ter um forte desejo por uma mulher sem beleza notável; enquanto a maior beleza dos homens ou em outros animais, embora cause amor, não excita o desejo. Isso demonstra que a beleza e a paixão causada pela beleza, que eu chamo de amor, é diferente do desejo; apesar disso, o desejo às vezes pode funcionar em concomitância com o amor; mas devemos atribuir as paixões violentas e tempestuosas e as consequentes emoções do corpo que estão associadas ao que chamamos de amor, em algumas de suas acepções comuns, ao desejo e não aos efeitos da beleza propriamente dita.

Seção II – Proporção não é a causa da beleza dos vegetais

Normalmente, diz-se que a beleza consiste em determinadas proporções das partes. Ao considerar o assunto, tenho um grande motivo para duvidar totalmente de que a beleza seja uma ideia pertencente à proporção. A proporção refere-se quase inteiramente à conveniência, assim como parecem referir-se todas as ideias de ordem; e, portanto, deve ser considerada como uma criatura do entendimento, em vez de uma causa primária que age sobre os sentidos e a imaginação. Não é pela força da longa atenção e investigação que consideramos qualquer objeto bonito; a beleza não exige nenhuma assistência de nosso raciocínio; até mesmo a vontade fica indiferente; é a manifestação da beleza que efetivamente causa algum grau de amor em nós, assim como o uso de gelo ou fogo produz as ideias de calor ou frio. Para chegarmos a algo semelhante a uma conclusão satisfatória neste ponto, devemos examinar o conceito de proporção, pois muitos que utilizam essa palavra nem sempre parecem entender claramente a força do termo, nem ter ideias muito distintas sobre a coisa em si. A proporção é a medida da quantidade relativa. Já que toda a quantidade é divisível, é evidente que as partes distintas em que se dividem quaisquer quantidades devem ter alguma relação com as outras partes ou com o todo. Essas relações dão origem à ideia de proporção. Elas são descobertas por meio da mensuração e são objetos da investigação matemática. Mas saber se qualquer parte de qualquer quantidade constitui um quarto, ou um quinto ou um sexto, ou a subdivisão de um conjunto, ou se possui o mesmo comprimento de qualquer outra parte, ou o dobro de seu comprimento ou apenas metade, são questões indiferentes para a mente; ela permanece neutra sobre essas questões, mas é a partir dessa indiferença absoluta e tranquilidade da mente que as especulações matemáticas derivam algumas de suas vantagens mais importantes, pois ali não há nada que interesse à imaginação e o juízo fica livre e imparcial para examinar a questão. Todas as proporções, cada um dos arranjos quantitativos é semelhante para o entendimento, pois as mesmas verdades resultam de todos: do maior, do menor, da igualdade e da desigualdade. Mas certamente a beleza não é uma ideia pertencente à mensuração e não tem qualquer ligação com o cálculo e a geometria. Se tivesse, poderíamos, talvez, indicar certas medidas e demonstrar a beleza delas, consideradas em si mesmas ou em relação a outras; e, assim, poderíamos reunir esses objetos naturais ao mesmo padrão daquela cuja beleza podemos comprovar somente pelos sentidos e, dessa forma, confirmar a voz de nossas paixões por meio da convicção de nossa razão. Mas, já que não possuímos este auxílio, vejamos se a proporção pode de alguma maneira ser considerada a causa da beleza, como tem sido tão geralmente – e por alguns tão confiantemente – afirmado. Se a proporção for um dos constituintes da beleza, ela precisa retirar esse poder ou de algumas propriedades naturais inerentes a determinadas medidas que operam de forma mecânica; ou das operações dos costumes; ou da aptidão que algumas medidas possuem para responder a alguns fins específicos de sua conveniência. Nosso objetivo é, portanto, investigar se as partes daqueles objetos que são considerados belos nos reinos animal ou vegetal são constantemente formadas de acordo com certas medidas que servem para nos satisfazer pela beleza resultante dessas medidas, utilizando o princípio de uma causa natural e mecânica; ou advindas do costume; ou por fim, de sua aptidão para quaisquer finalidades determinadas. Tenho a intenção de examinar este ponto em ordem, em capítulos separados. Mas antes de eu prosseguir, espero não ser inoportuno enunciar as regras que segui para realizar a presente investigação. Caso tenha me perdido no caminho, foi por ter sido mal guiado por suas orientações. 1. Se dois corpos produzem o mesmo efeito ou semelhante na mente e, ao examiná-los, descobrimos que concordam em algumas de suas propriedades e discordam em outras, então o efeito comum é atribuído às propriedades concordantes e não às discordantes. 2. Não levar em conta o efeito de um objeto natural a partir do efeito de um objeto artificial. 3. Não levar em conta o efeito de qualquer objeto natural a partir de uma conclusão retirada de nossa razão sobre seus usos, sempre que isso possa ser atribuído a uma causa natural. 4. Não aceitar qualquer quantidade determinada ou qualquer relação de quantidade como a causa de um certo efeito, se o efeito for produzido por medidas e relações diferentes ou opostas; ou se estas medidas e relações existirem, mas o efeito não puder ser produzido. Estas são as regras principais que orientaram o exame do poder da proporção considerada como uma causa natural; e, caso as considerem válidas, peço ao leitor que mantenham essas regras em mente durante a discussão que se seguirá, isto é, enquanto investigamos, em primeiro lugar, em que coisas encontramos a qualidade da beleza; e depois, enquanto verificarmos se essas coisas possuem proporções assinaláveis que possam nos convencer de que a nossa ideia de beleza resulta desses proporções. Consideraremos esse poder agradável tal como manifesta-se nos vegetais, nos animais inferiores e no homem. Ao voltarmos nossos olhos para os vegetais, nada ali é mais bonito que as flores; mas as flores possuem uma grande variedade de tipos e formas, bem como todos os tipos de organização; elas são transformadas e modeladas em uma variedade infinita de formas; e a partir dessas formas, os botânicos lhes deram nomes, quase tão diversos quanto elas. Que tipo de proporção descobrimos entre os talos e as folhas das flores, ou entre as folhas e os pistilos? De que maneira o caule delgado da rosa está de acordo com o sua cabeça volumosa que a faz pender-se? Mas a rosa é uma bela flor. Mas, será que não poderíamos nos comprometer a dizer que ela deve muito de sua beleza a essa desproporção? A rosa é uma flor grande, contudo cresce em um arbusto pequeno; a flor da maçã é muito pequena, mas ela nasce em uma árvore grande; e, ainda assim, a rosa e flor da maçã são bonitas e, não obstante esta desproporção, as plantas que as carregam ficam atraentemente elegantes. Qual objeto pode ser por consentimento geral mais bonito do que um pé de laranja, florescendo ao mesmo tempo, com suas folhas, suas flores e seus frutos? Mas, em vão, buscamos nele qualquer proporção entre a altura, a largura ou qualquer outra coisa sobre as dimensões do todo, ou sobre a relação das partes individuais umas às outras. Concedo que, em muitas flores, é possível observar certa regularidade de formas, bem como uma disposição metódica das folhas. A rosa tem tal forma e tal disposição de suas pétalas; mas se a olharmos obliquamente, quando essa forma se perde em boa parte e a ordem das folhas fica confusa, ela ainda mantém sua beleza; a rosa é ainda mais bela quando não está totalmente florescida, quando é apenas um botão; antes que essa figura exata esteja formada; e esse não é o único exemplo em que método e exatidão – a alma da proporção – são considerados mais prejudiciais do que úteis à causa da beleza.

Seção III – Proporção não é a causa
da beleza dos animais

Está plenamente claro que a proporção constitui apenas uma pequena parte da formação da beleza entre os animais. Aqui, a grande variedade de formas e disposições das partes está bem preparada para incitar essa ideia. O cisne, um pássaro confessadamente belo, tem um pescoço mais longo do que o resto do seu corpo e uma cauda muito curta; será que isso é uma bela proporção? Podemos admitir que é, mas, então, o que diríamos do pavão, que tem, comparativamente, apenas um pescoço curto, com uma cauda mais longa do que o pescoço e o resto do corpo tomados juntos? Há tantos pássaros que variam infinitamente em cada um desses padrões e todos os outros que você puder distinguir, cujas proporções são diferentes e muitas vezes diretamente opostas à outra! E, ainda, muitas dessas aves são extremamente bonitas; assim, ao considerá-las, descobrimos que nada em qualquer parte delas consegue nos impelir *a priori*, a dizer como as outras deveriam ser, ou a saber qualquer coisa sobre elas, exceto que a experiência poderá estar saturada de decepção e erro. Já em relação às cores das aves ou das flores – pois há algo semelhante na coloração de ambas – se elas forem consideradas em sua extensão ou gradação, não há qualquer proporção a ser observada. Algumas possuem apenas uma única cor; outras têm todas as cores do arco-íris, algumas são das cores primárias, outras são uma mistura; em suma, o observador atento rapidamente concluirá que há tão pouca proporção na coloração como nas formas desses objetos. Vejamos os animais; examine a cabeça de um belo cavalo; descubra a proporção entre ela e seu corpo, e seus membros, descubra ainda a relação entre os próprios membros; e, assim que você tenha estabelecido essas proporções como um padrão de beleza, então examine um cão, um gato ou qualquer outro animal e descubra essas mesmas proporções entre cabeça e pescoço, entre estes e o corpo e assim por diante. Acredito que podemos dizer com segurança, que [as proporções] são diferentes em cada uma das espécies e, mesmo assim, existem indivíduos nesse grande número de espécies tão diferentes cuja beleza é muito marcante. Agora, se permitimos que formas e disposições tão distintas e, até mesmo, contrárias sejam consistentes com a beleza, então acredito que devemos aceitar que, para produzi-la, não há necessidade de medidas certas que operem a partir de um princípio natural, pelo menos até agora no que diz respeito aos animais.

Seção IV – Proporção não é a causa da beleza dos humanos

Observamos que existem algumas partes do corpo humano que mantêm determinadas proporções entre si; mas antes que possa ser provado que a causa eficiente da beleza reside nessas proporções, devemos mostrar que, onde quer que estas sejam exatas, a pessoa que as possui é bela. Quero dizer, é bela pelo efeito produzido na visão, seja um membro considerado individualmente ou de todo o corpo tomado em conjunto. Deve-se também demonstrar que essas partes estão em uma tal relação umas com as outras, que a comparação entre elas pode ser feita de modo fácil, e que a afeição causada na mente talvez decorra naturalmente disso. Examinei muitas dessas proporções por diversas vezes e com muito cuidado, e percebi que elas são praticamente iguais, quando não são idênticas, em muitas pessoas, que não eram apenas bastante diferentes umas das outras, mas entre pessoas muito bonitas e outras que estavam muito longe de serem belas. No que se refere às partes que notamos serem tão proporcionais, elas, muitas vezes, estão tão distantes umas das outras – em sua situação, natureza e função – que não vejo como elas podem ser comparadas, nem, consequentemente, como qualquer efeito devido à proporção pode surgir delas. O pescoço, por exemplo, deveria ser proporcional à panturrilha da perna nos corpos belos; deveria, da mesma forma, ter duas vezes a circunferência do pulso. Há uma infinidade de observações desse tipo em textos e conversas de muita gente. Mas que relação tem a panturrilha da perna com o pescoço ou qualquer dessas partes com o pulso? Essas proporções são certamente encontradas nos corpos belos. Qualquer um que se dê ao trabalho de medi-las, perceberá que também serão certamente encontradas nas pessoas feias. Além disso, não tenho certeza, mas [as relações] podem até mesmo ser menos perfeitas em algumas das mais belas. Atribua as proporções que desejar para quaisquer partes do corpo humano e garanto que um pintor irá observá-las todas de forma religiosa e produzir, se ele assim desejar, uma figura muito feia. O mesmo pintor poderá desviar-se dessas proporções e produzir uma figura muito bonita. E, na verdade, podemos observar as obras-primas da estatuária antiga e moderna e notar que várias delas diferem amplamente nas proporções de partes bastante visíveis e de grande consideração; e que essas proporções não são menos diferentes das que encontramos nos homens vivos cujas formas são extremamente marcantes e agradáveis. E afinal de contas, como os partidários da beleza proporcional concordam entre si sobre as proporções do corpo humano? Alguns consideram que [a altura] do corpo seja proporcional a sete cabeças, outros dizem que são oito e há aqueles que estendem a relação para dez cabeças; uma grande diferença em um pequeno número de divisões! Outros utilizam outros métodos para estimar as proporções, mas todos com igual sucesso. Mas serão essas proporções exatamente as mesmas em todos os homens belos? Será que essas são as proporções encontradas nas mulheres belas? Ninguém dirá que são; ainda assim, ambos os sexos possuem, sem dúvida, a capacidade de serem belos; tal capacidade é maior nas mulheres, mas, acredito, que essa vantagem dificilmente será atribuída à exatidão superior das proporções do belo sexo. Demoremo-nos um pouco mais sobre esse ponto para considerarmos quanta diferença há entre as medidas que prevalecem em muitas partes semelhantes dos corpos dos dois sexos desta única espécie. Se você atribuir quaisquer proporções determinadas para os membros de um homem e limitar a beleza humana a essas proporções, quando você encontrar uma mulher de constituição e medidas diferentes em quase todas as partes, você concluirá que ela não é bela apesar das sugestões de sua imaginação; ou, em obediência a sua imaginação, deve renunciar às suas regras. Neste momento, você deve abandonar suas réguas e medidas e buscar outras causas para a beleza. Pois, caso a beleza esteja ligada a determinadas medidas que operam a partir de um *princípio da natureza*, por que, então, partes semelhantes com diferentes medidas de proporção são consideradas belas na mesma espécie? Mas para ampliar um pouco o nosso ponto de vista, vale observar que quase todos os animais possuem partes que participam da mesma natureza e destinam-se quase aos mesmos fins: uma cabeça, pescoço, corpo, pés, olhos, ouvidos, nariz e boca; mas, mesmo assim, a Providência, a fim de satisfazer às necessidades deles da melhor maneira e para exibir, em sua criação, as riquezas de sua sabedoria e bondade, produziu a partir desses poucos órgãos semelhantes e membros uma diversidade que beira o infinito em relação à disposição, medidas e relações destes. No entanto, conforme já observado, em meio a essa diversidade infinita, há algo particular que é comum a muitas espécies; vários dos indivíduos que as compõem são capazes de afetar-nos com um sentimento de amabilidade; e, embora eles concordem em produzir este efeito, as partes que o produziram diferem extremamente em suas medidas relativas. Essas considerações foram suficientes para induzir-me a rejeitar a noção da existência de quaisquer proporções particulares que operam por meio da natureza para produzir um efeito agradável; mas aqueles que possam concordar comigo em relação a uma proporção em particular, estarão fortemente inclinados a favor de uma outra mais incerta. Eles acreditam que, apesar da beleza em geral não estar ligada a determinadas medidas comuns, aos vários tipos de plantas e animais agradáveis, existe uma certa proporção em cada uma das espécies que é absolutamente essencial para a beleza daquele tipo particular. Se considerarmos o mundo animal em geral, vemos que a beleza não está confinada a quaisquer medidas determinadas; mas, tendo em vista que o que distingue cada classe peculiar de animais é certa medida peculiar e a relação entre as partes, daí segue necessariamente que o belo em cada tipo será encontrado nas medidas e proporções daquele tipo; pois, caso contrário, ele desviar-se-ia de sua própria espécie e tornar-se-ia algo monstruoso: no entanto, nenhuma espécie está tão estritamente limitada a quaisquer proporções determinadas, que não exista uma considerável variação entre os indivíduos; e como foi mostrado no caso do ser humano, o mesmo pode ser dito dos animais, que a beleza encontra-se indiferentemente em todas as proporções admissíveis por cada tipo sem se afastar de sua forma comum; é essa ideia de uma forma comum que faz com que a proporção das partes seja considerada e não a operação de qualquer causa natural; na verdade, um pouco de consideração esclarecerá que não é medida, mas a maneira que cria toda a beleza pertencente à forma. Ao estudarmos o projeto ornamental, quais luzes podemos tomar dessas alardeadas proporções? Parece surpreendente para mim que os artistas, caso estivessem convencidos como dizem estar a respeito da proporção ser a principal causa da beleza, não carregam com eles em todos os momentos as medidas exatas de todos os tipos de animais belos para ajudá-los a realizar as proporções adequadas sempre que criam coisas elegantes, especialmente porque costumam afirmar que sua prática exige a observação da beleza na natureza. Sei que foi dito há muito tempo e que ecoou de frente para trás de um escritor para outro por milhares de vezes que as proporções das construções foram retiradas das proporções do corpo humano. Para fazer que esta analogia forçada fique completa, eles representam um homem com os braços levantados e estendidos em seu comprimento total e então inscrevem um tipo de quadrado pela passagem de linhas ao longo das extremidades dessa estranha figura. Mas, para mim, está muito claro que a figura humana nunca ofereceu aos arquitetos qualquer uma de suas ideias. Pois, em primeiro lugar, os homens são muito raramente vistos nesta postura tensa; não é natural para eles e também não é nada elegante. Em segundo lugar, a visão da figura humana assim disposta, naturalmente, não sugere a ideia de um quadrado, mas de uma cruz, pois aquele grande espaço entre os braços e o solo deve ser preenchido com algo antes que possamos pensar em um quadrado. Em terceiro lugar, várias construções planejadas pelos melhores arquitetos não possuem, de modo algum, a forma daquele quadrado particular, mas produzem um efeito geral tão bom, e talvez melhor. E certamente nada poderia ser mais inexplicavelmente caprichoso do que um arquiteto modelar seu desempenho a partir da figura humana, pois não há duas coisas menos semelhantes ou análogas do que um homem e uma casa ou templo; precisaríamos dizer que seus fins são totalmente diferentes? Minha suspeita é a seguinte: essas analogias foram concebidas para dar crédito às obras de arte ao conceder uma conformidade entre elas e as obras mais nobres da natureza, mas não que estas últimas tenham servido para oferecer sugestões para a perfeição das primeiras. Estou ainda mais plenamente convencido de que os patronos da proporção transportaram suas ideias artificiais para a natureza e não tomaram emprestado dela as proporções que eles usam nas obras de arte, pois em quaisquer discussões sobre este assunto, eles sempre desistem rapidamente do campo aberto das belezas naturais – os reinos animal e vegetal – e se fortalecem por meio das linhas artificiais e ângulos da arquitetura. Isso porque há na humanidade uma propensão infeliz para tornar a si mesma, suas opiniões e suas obras, a medida da excelência de todas as coisas. Portanto, tendo observado que suas habitações eram mais cômodas e firmes quando eles as construíam na forma de figuras regulares, com partes relacionadas umas às outras, eles transferiram essas ideias para seus jardins; eles transformaram as árvores em pilares, pirâmides e obeliscos; eles transformaram suas sebes em muitas paredes verdes e deram às calçadas formas retangulares, triangulares e outras figuras matemáticas, com exatidão e simetria; e imaginaram que, se não estavam imitando, estavam, ao menos, melhorando a natureza e lhe ensinando a conhecer seu negócio. Mas, por fim, a natureza escapou da disciplina e dos grilhões dos homens; e nossos jardins, se nada mais declaram, começamos a perceber que as ideias matemáticas não são as verdadeiras medidas da beleza. E certamente elas tão pouco o são no mundo animal e no mundo vegetal. Não é extraordinário que nada seja dito sobre a proporção – a qual alguns insistem ser o principal componente da beleza – nas belas obras descritivas, nas inumeráveis odes e nas elegias que estão nas bocas de todo o mundo, muitas das quais têm entretido gerações, nem nas obras que descrevem o amor com uma energia tão apaixonada e representam seu objeto em uma infinita variedade de luzes, enquanto ao mesmo tempo várias outras qualidades são frequente e calorosamente mencionadas? Mas se a proporção não tem este poder, é estranho que os homens tenham desde o início se inclinado tanto a seu favor. Acredito que ela surgiu dessa preferência que acabei de mencionar: os homens se apegam tão notavelmente a suas obras e noções; surgiu dos falsos raciocínios sobre os efeitos da figura costumeira dos animais; surgiu da teoria platônica de adequação e aptidão. Por essa razão considerarei, na próxima seção, os efeitos do costume em relação às figuras dos animais; e depois a ideia de aptidão; isso porque se a proporção não opera por meio de um poder natural que atenda a algumas medidas, deve fazê-lo por intermédio do costume, ou da ideia de utilidade; não há nenhuma outra maneira.

Seção V – Outras considerações
sobre a proporção

Se não estou enganado, grande parte do preconceito a favor da proporção não surgiu tanto da observação de certas medidas encontradas nos belos corpos, mas de uma ideia incorreta sobre a relação entre a deformidade e a beleza, as quais têm sido consideradas opostas; concluiu-se, a partir desse princípio, que ao remover-se as causas da deformidade, a beleza deveria surgir natural e necessariamente. Acredito que isso seja um erro. Pois a *deformidade* opõe-se não à beleza, mas à *forma comum e completa*. Se uma das pernas de um homem é mais curta que a outra, o homem é deformado; porque lhe falta algo para completar a ideia integral que temos de um homem; o mesmo efeito é encontrado nas falhas naturais e naquelas produzidas por acidentes, por exemplo, aleijamento e mutilações. Então, se as costas de um homem possuírem uma corcunda, ele é deformado, pois suas costas têm uma forma incomum que carrega em si a ideia de alguma doença ou desgraça; assim, se o pescoço de um homem for consideravelmente mais longo ou mais curto do que o habitual, podemos dizer que ele é deformado naquela parte, porque os homens não são normalmente feitos dessa forma. Mas certamente, por meio da experiência diária, percebemos que apesar de os comprimentos das pernas de um homem serem iguais, de seu pescoço possuir o tamanho correto e de suas costas serem razoavelmente retas, é possível que, ao mesmo tempo, ele não possua nem um mínimo perceptível de beleza. Na verdade, a beleza está tão longe de pertencer à ideia de costume, que, na realidade, aquilo que nos afeta dessa maneira é extremamente raro e incomum. O belo nos atinge por sua novidade tanto quanto o deformado em si. Isso ocorre, então, em relação às espécies de animais com as quais estamos familiarizados e, se um animal de uma nova espécie nos fosse apresentado, não esperaríamos até que os costumes estabelecessem uma ideia de proporção antes de decidirmos sobre sua beleza ou feiura. Isso demonstra que a ideia geral de beleza não se deve nem ao costume nem à proporção natural. A deformidade decorre da falta de proporções comuns, mas o resultado necessário da sua existência em qualquer objeto não é a beleza. Se admitirmos que a proporção das coisas naturais existe em relação aos costumes e aos usos, a natureza dos usos e costumes mostrará que a beleza – que é uma característica *positiva* e poderosa – não pode resultar dela. Somos tão maravilhosamente formados que, se por um lado somos criaturas veementemente desejosas de novidades, por outro, estamos fortemente ligados ao hábito e aos costumes. Mas as coisas que nos prendem pelo costume possuem a natureza de nos afetar muito pouco enquanto estamos na posse delas, mas, fortemente, quando elas estão ausentes. Lembro-me de ter frequentado determinado lugar todos os dias e por um longo tempo; e, realmente, posso dizer que, longe de obter prazer nisso, fiquei afetado por uma espécie de cansaço e de desgosto; eu ia, vinha e retornava sem prazer; mas, se por qualquer motivo, deixasse passar o horário habitual de minha caminhada, ficava extremamente desconfortável e não me aquietava até que eu começasse a fazer meu velho caminho. As pessoas que usam rapé, cheiram-no quase sem perceber que o estão fazendo; o olfato aguçado fica amortecido e mal consegue sentir qualquer coisa desse estímulo tão agudo; ainda assim, prive o cheirador de rapé de sua caixa e ele se tornará o mortal mais inquieto do mundo. Na verdade, os usos e hábitos estão tão distantes de serem causas do prazer como tal, que o efeito do uso constante é tornar todas as coisas de quaisquer espécies inteiramente incapazes de provocar emoções. Pois, assim como o uso retira o efeito doloroso de muitas coisas, ele reduz o efeito prazeroso de outras coisas da mesma forma, e leva os dois para uma espécie de mediocridade e indiferença. Muito justamente o uso é chamado de uma segunda natureza; e nosso estado natural e comum é a absoluta indiferença, igualmente preparado para a dor ou para o prazer. Mas quando saímos desse estado ou somos privados dos requisitos que o mantêm – caso isso não ocorra pelo prazer causado por algo mecânico – sempre ficamos magoados. Assim ocorre com a segunda natureza – o costume – em tudo que se relaciona a ela. Portanto, embora a presença das proporções habituais não seja causa de um verdadeiro prazer, a falta delas nos homens e em outros animais certamente causará desgosto. É verdade que as proporções estabelecidas como causas da beleza do corpo humano são frequentemente encontradas nas pessoas belas, porque elas geralmente são encontradas em toda a humanidade, mas se pudermos mostrar, também, que elas são encontradas fora da beleza e que a beleza, onde quer que ela exista, sempre pode ser atribuída a outras causas menos equívocas, então isso naturalmente no levará a concluir que a proporção e a beleza não são ideias da mesma natureza. O verdadeiro oposto da beleza não é a desproporção ou a deformidade, mas a *feiura*; e como ela procede de causas opostas às da beleza positiva, não podemos levá-la em consideração até que tratemos dela. Entre a beleza e a feiura, há uma espécie de meio do caminho em que as proporções atribuídas são mais comumente encontradas, mas isso não tem efeito sobre as paixões.

Seção VI – Adequação
não é a causa da beleza

Diz-se que a ideia de utilidade, ou de uma parte estar bem adaptada para atender a seu fim, é a causa da beleza, ou, de fato, a própria beleza. Se não fosse por essa opinião, a doutrina da proporção não conseguiria ter mantido sua base por muito tempo; o mundo logo se cansaria de ouvir sobre medidas que se relacionam a nada, nem a princípio natural, nem a uma aptidão para responder a algum fim; a ideia que a humanidade mais comumente concebe sobre a proporção é a adequação dos meios para certos fins e quando esta não é a questão, ela muito raramente pensa sobre o efeito das diferentes medidas das coisas. Dessa forma, foi necessário que essa teoria afirmasse que não apenas os objetos artificiais, mas também os naturais obtivessem sua beleza a partir da adequação das partes às suas diversas finalidades. Mas ao elaborarem essa teoria, temo que não houve uma consulta suficiente à experiência. Pois, por tal princípio, seriam extremamente belos o focinho em forma de cunha de um porco, com sua cartilagem dura na ponta, os pequenos olhos afundados e a construção de toda a sua cabeça que estão tão bem adaptados para suas funções de escavar e buscar alimentos. O grande saco pendurado no bico de um pelicano, uma coisa muito útil a este animal, seria igualmente belo aos nossos olhos. O ouriço, tão bem protegido contra todos os ataques por seu esconderijo espinhoso, e o porco-espinho com o lançamento de seus espinhos seriam, assim, considerados criaturas bastante elegantes. Há poucos animais, cujas partes são mais bem formadas do que as de um macaco; ele tem as mãos de um homem, unidas aos membros elásticos de um animal; ele está admiravelmente preparado para correr, pular, lutar e escalar; e, ainda assim, poucos animais parecem ter menos beleza aos olhos de toda a humanidade. Não preciso dizer muito sobre a tromba do elefante, a qual possui diversas utilidades e que tão pouco contribui para a beleza desse animal. Quão bem adaptado para correr e pular está o lobo? Quão admiravelmente armado para a batalha está o leão? Mas quem diria que o elefante, o lobo e o leão são animais belos? Acredito que ninguém imagina que a forma das pernas de um homem esteja tão bem adaptada para correr como as de um cavalo, um cão, um cervo e várias outras criaturas; em aparência, pelo menos, elas não estão, mas, mesmo assim, acredito que uma perna humana bem formada consegue até ultrapassar em beleza os exemplos dados. Se a adequação das partes fosse a causa da amabilidade de sua forma, o emprego real delas iria, sem dúvida, torná-las mais grandiosas; mas isso, embora às vezes ocorra por meio de outro princípio, está longe de ser sempre o caso. Um pássaro voando não é tão bonito como quando ele está empoleirado; por outro lado, há várias aves domésticas que raramente são vistas voando e que não são menos bonitas por conta disso; ainda assim, os pássaros são tão extremamente diferentes dos animais e dos humanos em suas formas, que não é possível, utilizando o princípio da aptidão, permitir-lhes quaisquer atributos concordantes, senão considerar que suas partes foram projetadas para outros fins. Nunca em minha vida tive a chance de ver um pavão voar; e, mesmo assim, antes, muito antes de eu considerar qualquer aptidão de sua forma para a vida aérea, fiquei impressionado com a extrema beleza desse pássaro, a qual está acima da maioria das aves capazes de voar no mundo, embora, pelo que pude observar, sua forma de vida fosse muito parecida com a dos suínos que se alimentam no campo da fazenda junto com eles. O mesmo pode ser dito de galos, galinhas e afins; eles fazem parte do tipo voador em sua forma e na sua maneira de mover-se não são muito diferentes dos homens e animais selvagens. Para deixar de lado esses exemplos de outros seres, se a beleza de nossa espécie estivesse ligada à utilidade, os homens seriam muito mais belos do que as mulheres; força e agilidade seriam consideradas como as únicas belezas. Mas chamar força pelo nome beleza e ter apenas uma denominação para as qualidades de uma Vênus e de um Hércules, que são completamente diferentes em quase todos os aspectos, causaria certamente uma estranha confusão de ideias, ou abuso das palavras. A causa dessa confusão, imagino, procede de nossa percepção frequente de as partes dos corpos humanos e outros animais serem, ao mesmo tempo, muito belas e muito bem adaptadas às suas finalidades; e somos enganados por uma sofisma, que nos faz tomar por uma causa aquilo que é apenas algo concomitante; este é o sofisma da mosca, que imaginou ter levantado uma grande quantidade de poeira, porque estava em cima da carruagem que a levantou[105]. O estômago, os pulmões, o fígado e outras partes estão incomparavelmente bem adaptados às suas finalidades, mas estão muito distantes de possuir qualquer beleza. Novamente, há muitas coisas extremamente belas, sem que seja possível discernir nelas qualquer ideia de utilidade. Assim, apelo aos primeiros e mais naturais sentimentos da humanidade: seja contemplando um belo olho, ou uma boca bem formada ou uma perna bem torneada, as ideias de estarem bem adequados para ver, comer ou correr não se apresentam. Qual ideia de utilidade as flores, que são a parte mais bela do mundo vegetal, excitam? É verdade que o Criador, infinitamente sábio e bom, costuma por sua graça oferecer beleza às coisas que são úteis para nós; mas isso não prova que utilidade e beleza sejam a mesma coisa, ou que elas são de alguma forma dependentes uma da outra.

Seção VII – Os reais efeitos da adequação

Ao excluir a proporção e a adequação da beleza, não pretendo dizer que elas não possuem qualquer valor, ou que não devemos levá-las em conta nas obras de arte. As obras de arte são a esfera adequada do poder de am-

---

105. O exemplo pode ser encontrado no ensaio "Of Vaine-Glory", de Francis Bacon.

bas; e é nesse campo que elas possuem seu efeito integral. Sempre que a sabedoria de nosso Criador deseja que sejamos afetados por alguma coisa, ele não confia a execução de seu desejo à operação lânguida e precária de nossa razão; mas ele a dota de poderes e propriedades que bloqueiam o entendimento – e até mesmo a vontade – e, sendo aprendida pelos sentidos e pela imaginação, cativa a alma antes que o entendimento esteja pronto para juntar-se ou opor-se a eles. Descobrimos a adorável sabedoria de Deus em suas obras apenas por meio de um longo tempo de deduções e estudos: quando a descobrimos, o efeito é muito diferente do que nos pareceria se não estivéssemos preparados para o sublime ou para o belo, não apenas na forma de adquiri-la, mas em sua própria natureza. Quão diferente é a satisfação de um anatomista, que descobre o uso dos músculos e da pele, a maravilhosa inventividade desse primeiro para os vários movimentos do corpo e a textura maravilhosa da outra, a qual ao mesmo tempo que funciona como uma proteção geral, também é uma área geral de entrada e saída; quão diferente isso é da afeição de um homem que vê uma pele delicada e suave e todas as outras partes da beleza que não exigem nenhuma investigação para serem percebidas? No primeiro caso, enquanto admiramos o Criador com louvor, o objeto que causa isso pode ser odioso e detestável; no segundo caso, muitas vezes o objeto nos toca tanto por seu poder sobre a imaginação, a ponto de fazer que examinemos muito pouco a inventividade de sua construção; e, assim, a razão precisa fazer um grande esforço para que nossas mentes se desvinculem da fascinação do objeto e consigam fazer considerações da sabedoria capaz de inventar uma máquina tão poderosa. O efeito da proporção e da adequação, pelo menos em relação a eles procederem de uma mera consideração da obra em si, produz aprovação, a aquiescência do entendimento, mas não o amor, nem qualquer paixão dessa espécie. Ao examinarmos a estrutura de um relógio, assim que conhecemos inteiramente o uso de todas as suas partes, ficamos satisfeitos com a adequação do todo, mas, mesmo assim, estamos bem longe de perceber qualquer tipo de beleza nas engrenagens do relógio; no entanto, ao observarmos o trabalho de algum gravurista curioso, com pouca ou nenhuma ideia sobre utilidade, teremos uma noção muito mais vívida da beleza do que teríamos do relógio em si, mesmo sendo a obra-prima de Graham[106]. Em relação à beleza, como eu já disse, o efeito é anterior a qualquer conhecimento da utilidade; mas, para julgar a proporção, precisamos conhecer o fim a que se destina uma obra qualquer. A proporção varia de acordo com

---

106. George Graham (1673-1751), relojoeiro inglês e inventor.

a finalidade. Assim, há uma proporção para uma torre, outra para uma casa; uma proporção para uma galeria, outra para um corredor e outra para um quarto. Para julgarmos essas proporções, primeiro devemos conhecer os fins para os quais essas construções foram concebidas. O bom senso e a experiência agem em conjunto para descobrir o que está apto para ser feito em cada obra de arte. Nós somos criaturas racionais e, em todas as nossas obras, devemos considerar sua finalidade e propósito; a gratificação de qualquer paixão, mesmo a das mais inocentes, deve apenas ser nossa consideração secundária. Neste ponto, temos o verdadeiro poder da aptidão e da proporção; elas operam por meio do entendimento que faz considerações sobre as duas, que *aprova* a obra e concorda com ela. As paixões e a imaginação que dão origem a elas possuem, neste sentido, pouca função. Imagine uma sala em sua nudez original, paredes nuas e um teto liso; aceitemos que sua proporção seja tão primorosa que cause pouco agrado; o máximo que podemos atingir é uma aprovação fria; uma sala com proporções bem piores, com molduras elegantes e belas grinaldas, vidros e outros móveis meramente ornamentais, fará que a imaginação revolte-se contra a razão; isso irá agradar muito mais do que a proporção nua da primeira sala que causou tanta aprovação do entendimento por ser tão admiravelmente adequada a seus propósitos. O que disse anteriormente e aqui sobre a proporção não se destina a persuadir as pessoas a negligenciarem absurdamente a ideia de utilidade das obras de arte. Destina-se apenas a mostrar que estas coisas admiráveis – beleza e proporção – não são iguais nem que devemos negligenciar qualquer uma delas.

Seção VIII – Recapitulação

Em relação ao todo, se as partes proporcionais dos corpos humanos fossem consideradas igualmente belas com frequência, que certamente não é o caso; ou se estivessem em um posicionamento a partir do qual fosse possível retirar prazer por comparação, que raramente ocorre; ou se fosse possível atribuir quaisquer proporções, em plantas ou animais, que sempre fossem belas, que também não é o caso; ou se elas sempre fossem belas se as partes estivessem bem adaptadas aos seus propósitos; e sempre que não houvesse utilidade não encontrássemos beleza, o que contraria toda a experiência; então, poderíamos concluir que a beleza seria constituída pela proporção ou pela utilidade. Mas já que, em todos os aspectos, o caso é bem o contrário, podemos concluir que, independentemente de sua origem, a beleza não depende daqueles atributos.

Seção IX – A perfeição não é a causa da beleza

Há outra noção atual, muito intimamente ligada à primeira, a qual diz que a *perfeição* é a causa de constituinte da beleza. Essa opinião foi construída com o fim de ir bem além dos objetos sensíveis. Mas nestes, a perfeição, considerada como tal, está tão longe de ser a causa da beleza, que essa qualidade, encontrada no sexo feminino em sua maior parte, quase sempre acarreta uma ideia de fraqueza e imperfeição. As mulheres são muito sensíveis a ela; e, por essa razão, aprendem a balbuciar, a cambalear em sua caminhada, a fingir fraqueza e, até mesmo, a doença. Em tudo isso, elas são guiadas pela natureza. A beleza em perigo é uma beleza muito mais comovente. O corar tem um poder muito menor; e a modéstia em geral, que é uma admissão tácita da imperfeição, é, em si, considerada uma qualidade adorável e certamente eleva todas as pessoas que a possuem. Sei que, conforme é dito comumente, devemos amar a perfeição. Para mim, isso é prova suficiente de que ela não é o objeto apropriado do amor. Quem nunca disse que *devemos* amar uma bela mulher que nos agrada, ou mesmo qualquer um daqueles belos animais? Para sermos afetados nesse sentido, não há necessidade da concordância da nossa vontade.

Seção X – A medida em que a ideia de beleza pode ser aplicada às qualidades da mente

A observação anterior também não é, em geral, menos aplicável às qualidades da mente. As virtudes que causam admiração e são do tipo mais sublime produzem terror, ao invés de amor. Podemos citar a fortaleza, a justiça, a sabedoria e afins. Ninguém jamais foi considerado agradável por força dessas qualidades. As virtudes que envolvem nossos corações, que nos impressionam com um senso de amabilidade, são as mais suaves: temperamento tranquilo, compaixão, bondade e liberalidade; mas estas certamente causam menor preocupação imediata e têm menor importância e dignidade para a sociedade. Mas elas são mais agradáveis justamente por essa razão. As grandes virtudes estão principalmente voltadas aos perigos, punições e problemas. São exercitadas mais para impedir males piores, do que para a distribuição de favores; e não são, portanto, amáveis, embora altamente veneráveis. As pessoas subordinadas recebem ajuda, gratificações e indulgências; e são, portanto, mais amáveis, embora possuam menos dignidade. Aqueles que entram furtivamente nos corações da maioria das pessoas são escolhidos como companheiros das horas mais tranquilas e servem para oferecer cuidados e diminuir as ansiedades; estes nunca são pessoas com qualidades brilhantes, nem virtudes fortes. Eles são como uma planície verde e suave da alma sobre a qual descansamos nossos olhos fatigados pela contemplação de objetos mais ofuscantes. Vale observar a forma que somos afetados pela leitura do caráter de César e Catão, tão finamente desenhados e contrastados em Salústio[107]. Em um, o *ignoscendo, largiundo*; no outro, o *nil largiundo*. Em um, o *miseris perfugium*; no outro, o *malis perniciem*[108]. O último, admiramos muito, reverenciamos muito e talvez tememos um pouco; nós o respeitamos, mas o fazemos a distância. Com o primeiro, ficamos familiarizados; nós o amamos e ele nos leva para onde quiser. Para aproximar mais essas coisas de nossos sentimentos mais primordiais e naturais, vou acrescentar um comentário feito por um amigo inventivo ao ler essa passagem. A autoridade de um pai, tão útil para o nosso bem-estar e tão corretamente venerável em tudo, impede-nos de termos por ele todo o amor que temos em relação às nossas mães, pois a autoridade parental fica quase derretida pela indulgência e carinho maternos. Mas, geralmente, temos um grande amor pelos nossos avós, pois, neles, a autoridade está um grau mais distante de nós e a fraqueza da idade a suaviza em algo similar à parcialidade feminina.

Seção XI – A medida em que a ideia de beleza pode ser aplicada à virtude

Do que foi dito na seção anterior, podemos facilmente notar em que medida a beleza pode ser corretamente aplicada à virtude. A aplicação geral dessa qualidade à virtude tem uma forte tendência a confundir nossas ideias das coisas; e isso deu origem a uma infinita quantidade de teorias extravagantes; como, por exemplo, a aposição do nome beleza à proporção, à congruência e à perfeição, bem como às qualidades das coisas ainda mais distantes de nossas ideias naturais sobre a beleza, assim como entre umas

---

107. Caio Salústio Crispo (86-35 a.C.), poeta romano.
108. SALÚSTIO. *Bellum Catilinae*, LIV: *ignoscendo, largiundo*: ignorando, esbanjando; *nil largiundo*: nunca esbanjando; *miseris perfugium*: refúgio dos infelizes; *malis perniciem*: desgraça dos maus: "Caesar dando, subleuando, *ignoscendo*, Cato *nihil largiundo* gloriam adeptus est. In altero *miseris perfugium* erat in altero *malis pernicies*" ("César granjeou a glória, dando, amparando, perdoando, Catão, sem nada *prodigalizar*. Um era o refúgio dos infelizes, o outro a desgraça dos maus. De César se louvava a afabilidade, de Catão, a firmeza"). A conjuração de Catilina/A guerra de Jugurta. Trad. Antônio da Silveira Mendonça. Petrópolis: Vozes, 1990. Também citado por Hume em seu *Tratado sobre a natureza humana*.

e outras, as quais tendem a confundir as nossas ideias sobre a beleza e que nos deixam sem padrão ou regras para formarmos um juízo que não seja ainda mais incerto e falacioso do que nossas próprias fantasias. Essa forma solta e imprecisa de discurso levou-nos, portanto, erroneamente a uma teoria do gosto e da moral; e induziu-nos a remover a base adequada (nossa razão, nossas relações e nossas necessidades) da ciência de nossos deveres e fundamentá-la sobre alicerces completamente imaginários e insubstanciais.

Seção XII – A causa real da beleza

Após me esforçar para demonstrar o que a beleza não é, falta ainda examinar, com igual atenção, no mínimo, em que ela realmente consiste. A beleza é algo que nos afeta muito e, por isso, deve depender de algumas qualidades positivas. E, tendo em vista que ela não é criada por nossa razão, que ela nos atinge sem qualquer referência a sua utilidade – até mesmo sem que haja qualquer tipo de utilidade –, tendo em vista que a ordem e o método da natureza são geralmente muito diferentes de nossas medidas e proporções, devemos, então, concluir que a beleza é, em sua maior parte, alguma qualidade dos objetos que atuam de forma mecânica sobre a mente humana pela intervenção dos sentidos. Devemos, portanto, considerar atentamente de que maneira essas qualidades sensíveis estão dispostas nas coisas que consideramos bonitas pela experiência ou que excitam em nós a paixão do amor, ou algum afeto correspondente.

Seção XIII – Beleza dos objetos pequenos

A questão mais óbvia que se apresenta a nós na análise de qualquer objeto é sua extensão ou quantidade. O grau de extensão que prevalece nos objetos considerados bonitos pode ser examinado a partir do modo usual de nos expressarmos em relação à beleza. Dizem que, na maioria das línguas, os objetos de amor são expressados por epítetos diminutivos. Assim ocorre em todas as línguas conhecidas por mim. Em grego o -ιον[109] e outros termos diminutivos são quase sempre os que denotam afeição e ternura. Esses diminutivos eram comumente adicionados pelos gregos aos nomes das pessoas com quem eles conversaram de forma amigável e familiar. Embora os romanos fossem um povo de sentimentos menos apressados e delicados, ainda assim eles naturalmente utilizavam o sufixo diminutivo em ocasiões

---

[109] "-ion", -ιον, em grego: prefixo diminutivo (-inho), pequeno.

semelhantes. Antigamente, na língua inglesa, foi adicionado o sufixo diminutivo *-ling*[110] aos nomes de pessoas e coisas que eram objetos de amor. Ainda retemos alguns deles, por exemplo em "darling" [ou *little dear, queridinho(a)*] e em alguns outros termos. Mas, atualmente em uma conversa normal, é comum adicionarmos a palavra carinhosa *little*[111] a tudo que amamos; os franceses e italianos fazem uso desses diminutivos carinhosos bem mais do que nós. No reino animal, fora da nossa própria espécie, estamos inclinados a nos afeiçoarmos ao pequeno: passarinhos e alguns outros pequenos animais. Não costumamos dizer que algo é enorme e belo, mas uma coisa enorme e feia é muito comum. Há uma grande diferença entre amor e admiração. O sublime, que é a causa da admiração, sempre habita em objetos grandiosos e terríveis; o primeiro, em objetos pequenos e agradáveis; nós nos submetemos àquilo que admiramos, mas amamos os que se submetem a nós; em um caso, somos forçados, no outro somos adulados até atingirmos a conformidade. Em suma, as ideias do sublime e da beleza possuem alicerces tão diferentes, que é difícil, eu quase disse impossível, pensar em conciliá-los a um mesmo objeto, sem diminuir consideravelmente o efeito de um ou de outro sobre as paixões. Assim, atendendo à sua quantidade, os objetos belos são comparativamente pequenos.

Seção XIV – Suavidade

Outra propriedade constantemente observável em tais objetos é[112] a *Suavidade*. Essa é uma qualidade tão essencial à beleza que, neste momento, não me recordo de qualquer coisa bela que não seja suave. Nas árvores e nas flores, consideramos belas as folhas lisas; nos jardins, os declives suaves de terra; na paisagem, os riachos tranquilos; na beleza do reino animal, peles e plumagens macias; nas belas mulheres, a pele suave; e em vários tipos de mobílias ornamentais, suas superfícies lisas e polidas. Grande parte, na verdade, quase todo o efeito da beleza deve-se a essa qualidade. Tomemos qualquer objeto belo com uma superfície áspera e quebradiça; independentemente de quão bem formado ele seja em outros aspectos, o objeto já não agrada mais. Por outro lado, mesmo que falte ao objeto muitos de seus outros constituintes, se não lhe faltar lisura, ele se tornará mais agradável que a maioria dos outros objetos que não possuem essa qualidade. Isso me parece tão evidente, que fico surpreso por não encontrar, dentre aqueles

---

110. *-ling*, em inglês, o mesmo que -inho em português e "-ion" em grego.
111. Pequeno.
112. Parte IV, Seção XXI. (N.A.) [Provavelmente, Parte IV, Seção XX. (N.T.)]

que lidam com o assunto, qualquer menção da qualidade da suavidade na enumeração dos itens formadores da beleza. Pois, de fato, qualquer aspereza, qualquer protuberância súbita, qualquer ângulo bruto é completamente contrário a essa ideia.

Seção XV – Variação gradual

Mas, assim como os belos objetos perfeitos não são compostos de partes angulosas, suas partes também não se mantêm para sempre em uma mesma linha reta.[113] Elas variam sua direção a todo momento e modificam-se em nossa visão por meio de curvas contínuas, com pontos iniciais e finais difíceis de serem determinados com exatidão. Ilustraremos essa observação pelo exemplo de um belo pássaro. Vemos aqui a cabeça aumentando imperceptivelmente desde o topo até sua parte central e, a partir desse ponto, ela passa gradualmente a diminuir, misturar-se com o pescoço; o pescoço se perde em uma ondulação maior que continua até o meio do corpo, quando o todo diminui novamente até a cauda; a cauda toma uma nova direção; mas, rapidamente, ela varia em seu novo curso; mescla-se novamente com as outras partes; e a linha modifica-se perpetuamente, acima, abaixo e em todos os lados. Imaginei, nessa descrição, a ideia de uma pomba: ela concorda bastante bem com a maioria das condições de beleza. Ela é lisa e macia; suas partes (para usar a expressão) derretem-se umas nas outras; não há protuberâncias súbitas em todo seu corpo, ainda que o todo esteja em contínua mudança. Observe a parte possivelmente mais bonita de uma bela mulher, o espaço entre o pescoço e os seios; ali, a suavidade, a maciez, o avolumamento suave e imperceptível, a variedade da superfície que nunca é a mesma, mesmo nas menores áreas, o labirinto traiçoeiro em que o olhar instável desliza de forma abobada sem saber onde se fixar, ou para onde ir. Não será isso uma demonstração de que a variação contínua da superfície, mas dificilmente perceptível em qualquer ponto, é um dos grandes componentes da beleza? Não é pequeno o prazer que sinto ao saber que posso reforçar este ponto de minha teoria por meio da opinião do bastante engenhoso Sr. Hogarth[114], pois acredito ser, em geral, extremamente correta sua ideia da linha de beleza. Mas a ideia da variação, sem dar conta precisa sobre a *forma* dessa variação, levou-o a considerar belas as figuras angulosas; essas figuras, é verdade, variam bastante; mas variam de forma súbita e irregular; não encontrei objetos naturais que são ao mesmo tempo

---

113. Parte V, Seção XXIII. [Provavelmente, Parte IV, Seção XXIII.] (N.A.)
114. Em *Analysis of Beauty* (*Análise sobre a beleza*), 1753, de William Hogarth (1697-1764).

angulosos e belos. Na verdade, alguns objetos naturais são totalmente angulosos. Mas me parece que quanto mais os objetos se aproximam dessa abordagem, mais feios são. Devo acrescentar também que, tanto quanto pude observar na natureza, embora a beleza completa seja apenas encontrada na linha variada, ainda assim não existe uma linha particular que seja sempre encontrada, nem mesmo no objeto mais perfeitamente bonito; e que, por tal motivo, seja belo em detrimento de todas as outras linhas. Eu, pelo menos, nunca encontrei uma.

Seção XVI – Delicadeza

Um ar de robustez e de força é bastante prejudicial à beleza. Uma aparência de *delicadeza* – e até mesmo de fragilidade – é quase essencial para ela. Quem examina as criaturas vegetais ou animais, verá que essa observação está fundada na natureza. Não consideramos belo o carvalho, o freixo, o olmo ou quaisquer outras árvores robustas das florestas; elas são terríveis e majestosas; elas inspiram uma espécie de reverência. Os vegetais vistos como belos são a delicada murta, a laranjeira, a amendoeira, o jasmim e a videira. São as espécies floridas, tão notáveis por sua fraqueza e duração momentânea, que nos dão a ideia mais vívida de beleza e elegância. Dentre os animais, o galgo inglês é mais bonito que o mastiff; e a delicadeza de um cavalo ginete, berbere ou árabe é muito mais amável do que a força e a estabilidade de alguns cavalos de guerra ou de transporte. Não preciso falar muito sobre o belo sexo, pois acredito que será fácil concordar comigo. A beleza das mulheres deve-se bastante a sua fraqueza, ou delicadeza, que é ainda reforçada pela timidez, uma característica da mente semelhante a isso. Não quero dizer aqui que a fraqueza que denota o péssimo estado de saúde seja um componente da beleza, pois seu efeito hostil não se deve à fraqueza, mas porque o estado ruim da saúde que produz essa fraqueza altera as outras condições da beleza; em tais casos as partes entram em colapso; o brilho colorido, a *lumen purpureum juventæ*[115] desaparece; e a bela variação perde-se em rugas, irregularidades súbitas e ângulos retos.

Seção XVII – Beleza nas cores

Quanto às cores geralmente encontradas em objetos belos, talvez seja um pouco difícil determiná-las, porque há uma variedade infinita delas nas várias partes da natureza. No entanto, mesmo nessa variedade, podemos

---

115. *Eneida*, Livro 1, v. 590-591: O rubor roscáceo da juventude; a luz brilhante da juventude.

sedimentar algumas bases. Em primeiro lugar, as cores dos objetos belos não devem ser sombrias ou turvas, mas límpidas e claras. Em segundo lugar, elas não devem ser do tipo mais forte. Aquelas que parecem mais apropriadas para a beleza são as mais leves de qualquer tipo: verdes-claros, azuis-claros, brancos enfraquecidos, vermelhos rosados e violeta. Em terceiro lugar, se as cores fortes e vivas forem diversificadas e o objeto não possuir uma cor forte, quase sempre haverá um número tão grande delas (como nas flores variegadas), que a força e o brilho de cada uma das cores ficariam consideravelmente diminuídos. Em uma bela pele, não há apenas uma certa variedade de cor, mas as cores – o vermelho e o branco – não são fortes e gritantes. Além disso, elas estão mescladas com gradações e formas que tornam impossível o estabelecimento de seus limites. É por esse mesmo princípio que as cores vagas dos pescoços e caudas dos pavões e das cabeças dos patos machos são tão agradáveis. Na realidade, a beleza da forma e a da coloração estão tão intimamente relacionadas quanto poderíamos supor ser possível em coisas com naturezas tão diversas.

Seção XVIII – Recapitulação

Em geral, as características da beleza, que são apenas características sensíveis, são as que seguem. Em primeiro lugar, o objeto deve ser comparativamente pequeno. Em segundo lugar, ser suave (liso). Em terceiro lugar, ter variedade na direção de suas partes; no entanto, em quarto lugar, que essas partes não sejam angulosas, mas mescladas como se estivessem umas dentro das outras. Em quinto lugar, ser delicado, sem qualquer aparência notável de força. Em sexto lugar, ter suas cores claras e brilhantes, mas não muito fortes e gritantes. Em sétimo lugar, caso tenha cores gritantes, elas devem estar em meio a outras. A beleza depende, acredito, dessas propriedades; propriedades que operam naturalmente e são menos suscetíveis do que outras de serem alteradas por caprichos ou confundidas por uma diversidade de gostos.

Seção XIX – Fisionomia

A *fisionomia* contribui bastante para a beleza, especialmente na beleza de nossa própria espécie. O comportamento dá uma certa determinação para o rosto, o qual, caso corresponda às maneiras, é capaz de unir os efeitos de certas características agradáveis da mente com as do corpo. E assim para se ter a forma da beleza humana perfeita e lhe oferecer toda a sua influência, o rosto deve ser a expressão daquelas características agradáveis e brandas que correspondem à maciez, à suavidade e à delicadeza da forma externa.

Seção XX – O olho

Até agora, deixei propositadamente de falar dos *Olhos*, que participam de forma tão grande na beleza das criaturas animais; eles não podem ser facilmente categorizados nos itens precedentes, mas, na verdade, são redutíveis aos mesmos princípios. Acredito, então, que a beleza dos olhos consiste, primeiro, em sua *nitidez*; a *cor* de olhos que mais agrada, depende bastante dos gostos particulares; mas ninguém gosta de olhos cujo líquido (independentemente do que ele seja) é opaco e turvo[116]. Nesse sentido, satisfazemo-nos com os olhos pelo mesmo princípio que gostamos de diamantes, águas límpidas, vidros e quaisquer substâncias transparentes. Em segundo lugar, o movimento do olho contribui para sua beleza, pois o faz modificar continuamente sua direção; mas um movimento lento e lânguido é mais belo que um acelerado; este é vívido; aquele é amável. Em terceiro lugar, no que se refere à união do olho com suas partes vizinhas, é preciso manter a mesma regra que nos é dada pelas outras partes de belezas; ele não deve desviar-se de forma pronunciada da linha das partes vizinhas; nem se aproximar de uma figura geométrica exata. Além do mais, os olhos afetam, pois expressam algumas características da mente; seu poder principal decorre geralmente disso e, assim, o que dissemos sobre a fisionomia é aplicável aqui.

Seção XXI – Feiura

Insistir aqui sobre a natureza da *feiura* talvez possa parecer uma espécie de repetição do que antes dissemos. Isso porque imagino que ela seja em todos os seus aspectos o oposto daquelas características que estabelecemos para os constituintes da beleza. Mas, embora a feiura seja o oposto da beleza, ela não é oposta à proporção e à adequação. Por isso, é possível que uma coisa seja muito feia e com proporções variadas, mas que esteja perfeitamente adequada a sua utilidade. A feiura, acredito, é bastante consistente com a ideia do sublime. No entanto, de maneira nenhuma eu insinuaria que a feiura em si mesma é uma ideia sublime, a menos que possua características que incitem um forte terror.

Seção XXII – Graça

A *graciosidade* é uma ideia que não difere muito da beleza; em grande parte, ela consiste nas mesmas coisas. A graciosidade é uma ideia perten-

---

116. Parte IV, Seção XXV. (N.A.)

cente à postura e ao movimento. Em ambos, para ser gracioso é preciso que não haja qualquer aparência de dificuldade; é necessária uma pequena inflexão do corpo; e uma compostura das partes, de forma que uma não atrapalhe a outra, nem pareçam divididas por ângulos fortes e bruscos. Nesse caso, toda a magia da graça consiste nessa plenitude, nessa delicadeza da postura e do movimento, e naquilo que é chamado de *je ne sais quoi*[117]. Tais aspectos são óbvios para quaisquer pessoas que observem atentamente a Vênus de Médici, o Antínoo ou qualquer outra estátua extremamente graciosa.

Seção XXIII – Elegância e objetos vistosos[118]

Quando qualquer objeto é composto por partes lisas e polidas, que não estão espremidas com as outras, nem mostram qualquer aspereza ou confusão e, ao mesmo tempo, possui *forma regular*, chamo isso de *elegância*. Ela está intimamente aliada à beleza, diferenciando-se dela somente por essa *regularidade*; algo que, mesmo produzindo uma afeição cuja diferença é bastante relevante, pode devidamente constituir uma outra espécie. Sob este título, incluo as obras de arte delicadas e regulares que não imitam nenhum objeto determinado da natureza: edifícios elegantes e peças de mobiliário. Estão completamente distantes da ideia da mera beleza quaisquer objetos que participem das características mencionadas ou das características dos objetos belos e, contudo, possuam grandes dimensões. Eu os chamo de *primorosos* ou *vistosos*.

Seção XXIV – A beleza no tato

A descrição da beleza anterior, à medida que é tomada pelos olhos, pode ser bem exemplificada pela descrição da natureza dos objetos que produzem um efeito semelhante pelo toque. A isso eu chamo de a beleza para o *tato*. Ela corresponde perfeitamente àquilo que causa a mesma espécie de

---

117. Em francês, literalmente, "não sei o quê". Um algo a mais, misterioso.
118. Em inglês *speciousness*, segundo Samuel Johnson, significa: *1. showy, pleasing to the view*, isto é, vistoso ou agradável à visão – JOHNSON, Samuel. *A Dictionary of the English Language*. Londres: impresso por W. Strahan, para J. and P. Knapton, 1755. Utilizei o fac-símile disponível em: https://books.google.com.br/books/reader?id=bXsCAAAAQAAJ&hl=pt-BR&printsec=front cover&output=reader&pg=GBS.PP1 (Acesso em: 6 jun. 2016.). A tradução de Enid Abreu Dobránszky (Editora da Universidade de Campinas, 1993) utiliza o vocábulo "especiosidade", o qual evitei, pois além de não ser um vocábulo de uso corrente, também possui outros sentidos, a saber: 1. Que parece ser verdadeiro mas não o é; enganoso; que induz em erro (parecendo verdade). "Especioso", em *Dicionário Priberam da Língua Portuguesa* [on-line], 2008-2013, disponível em: http://www.priberam.pt/dlpo/especioso (Acesso em: 6 jun. 2016.).

prazer para a visão. Há uma cadeia que liga todas as nossas sensações; elas são apenas diferentes tipos de sentidos criados para serem afetados por uma variedade de objetos, mas todos são afetados da mesma forma. Todos os corpos agradáveis ao toque são assim pela pequena resistência que oferecem. A resistência ocorre tanto ao movimento ao longo da superfície, quanto à pressão que uma parte proporciona à outra; quando a resistência é muito pequena, nós chamamos o corpo de liso no primeiro caso e, no segundo, de macio. O principal prazer recebido pelo tato está em uma dessas duas características; nosso prazer aumenta muito quando as duas estão combinadas. Isso é tão claro que preferimos utilizar seus exemplos para ilustrarmos outras coisas. Outra fonte de prazer desse sentido, assim como em todos os outros, é a apresentação contínua de novidades; notamos que os corpos cuja superfície varia continuamente são muito mais agradáveis ou belos ao tato, como pode ser experimentado por qualquer um que assim deseje. A terceira propriedade desses objetos é que, embora as superfícies variem continuamente sua direção, esta nunca varia repentinamente. Todo toque repentino, mesmo que a impressão em si seja pouco ou nada violenta, é desagradável. O toque rápido e sem aviso prévio de um dedo que esteja um pouco mais quente ou frio do que o normal nos causa um susto; um ligeiro toque no ombro, que não se espera, tem o mesmo efeito. Por isso, os corpos angulosos, objetos cuja direção do contorno varia repentinamente, oferecem tão pouco prazer ao tato. Toda mudança desse tipo é uma espécie de escalada ou queda em miniatura; assim, os quadrados, os triângulos e outras figuras angulosas não são belas nem para a visão nem para o tato. Quando alguém compara seu estado de espírito ao tocar objetos macios, lisos, variados e sem ângulos com aquilo que sente ao ver um objeto belo, percebe uma analogia muito marcante nos efeitos de ambos; algo que pode nos levar a descobrir a causa comum de ambos. Neste aspecto, tato e visão diferem apenas em alguns pontos. O tato aceita o prazer da maciez, que não é um objeto primário da visão; a visão, por outro lado, compreende as cores, que são dificilmente perceptíveis ao tato; o tato tem a vantagem de obter uma nova ideia de prazer a partir de um grau moderado de calor; mas os olhos triunfam na extensão infinita e multiplicidade de seus objetos. Mas há uma semelhança tal nos prazeres desses sentidos, que eu consigo imaginar – caso fosse possível discernir as cores pelo tato: (como dizem que alguns cegos conseguem) as mesmas cores e a mesma disposição dos coloridos que são consideradas belas à visão poderiam ser igualmente prazerosas ao tato. Mas deixemos essas conjecturas de lado e passemos para o outro sentido: a audição.

Seção XXV – Beleza nos sons

Encontramos neste sentido uma igual aptidão para sermos afetados de forma suave e delicada; e a experiência de cada um deve decidir em qual medida os sons doces e belos concordam com nossas descrições da beleza aos outros sentidos. Milton descreveu esta espécie de música em um de seus poemas juvenis[119]. Não preciso dizer que Milton era perfeitamente bem versado nessa arte; nenhum outro homem possuía um ouvido tão refinado e uma forma mais apropriada de expressar as sensações de um sentido por meio de metáforas tomadas de outro. A descrição é a seguinte:

> And ever against eating cares,
> Lap me in soft *Lydian* airs;
> [...]
> In notes with many a winding bout
> *Of* linked sweetness long drawn *out;*
> With wanton heed, and giddy cunning,
> *The* melting *voice through* mazes *running;*
> Untwisting *all the chains that tye*
> The hidden soul of harmony.[120]

> [Sempre esquecendo os hábitos alimentares,
> Deita-me nos *suaves* ares lídios;
> [Casado com o verso imortal
> Tal como aquele que perfura a alma]
> Em notas com muitos *sopros* sinuosos
> De *uma difusa candura encadeada;*
> Com atenção volátil e astúcia impulsiva,
> A voz *que se desfaz* corre por *labirintos;*
> *Desfazendo* todas as correntes que prendem
> A alma oculta da harmonia]

Façamos um paralelo disso com a maciez, a superfície sinuosa, a continuidade ininterrupta, a gradação fácil da beleza de outras coisas; e todas as diversidades dos vários sentidos com todas as suas sensações nos ajudarão a lançar luz de um objeto para outro a fim de determinarmos uma ideia clara e consistente do todo, em vez de obscurecê-la por sua complexidade e variedade.

Adicionarei uma ou duas observações à descrição mencionada. A primeira é a seguinte: o belo na música não suporta o volume e a força dos sons que podem ser utilizados para elevar outras paixões; nem as notas estridentes, ou ásperas, ou muito graves; ele concorda mais com as notas claras, regu-

---

119. Trata-se de "L'allegro". (N.A.)
120. MILTON, John. "L'Allegro", 135-142. Burke omitiu dois versos (137 e 138): "*Married to immortal verse/ Such as the meeting soul may pierce*".

lares, suaves e fracas. A segundo é: a grande variedade e transições rápidas de um compasso ou tom para outro são contrários ao caráter do belo na música. Tais[121] transições incitam muitas vezes a alegria ou outras paixões súbitas e tumultuosas; mas não aquele tipo de imersão, de derretimento, de languidez, que são os efeitos característicos do belo em relação a todos os sentidos. A paixão incitada pela beleza está, de fato, mais próxima de uma espécie de melancolia, que da festividade e da alegria. Não desejo aqui limitar a música a quaisquer espécies de notas ou tons, nem posso dizer que eu possua grandes habilidades nesta arte. Meu único desejo com esta observação é estabelecer uma ideia consistente do belo. A infinita variedade das sensações da alma irá sugerir a uma boa cabeça e a um ouvido talentoso uma variedade de sons adequados para incitá-las. Não haverá prejuízo a essa arte se aclararmos e distinguirmos algumas poucas particularidades que pertencem à mesma classe e são consistentes umas com as outras, a partir da imensa quantidade de ideias diferentes e, às vezes, contraditórias, que podem comumente ser classificadas como participantes do padrão de beleza. Minha intenção é assinalar nessas ideias apenas os principais pontos que mostram a conformidade do sentido da audição com todos os outros sentidos em relação aos prazeres que causam.

Seção XXVI – Paladar e olfato

Essa concordância geral dos sentidos fica ainda mais evidente ao examinarmos de forma minunciosa o acordo entre o paladar e o olfato. Metaforicamente, aplicamos a ideia de doçura aos objetos visuais e auditivos; mas, tendo em vista que as características físicas que são adequadas para incitar prazer ou dor nestes órgãos dos sentidos não são tão óbvias como a de outros órgãos, farei a explicação de sua analogia, a qual está muito próxima da parte em que tratamos da causa eficiente comum da beleza, já que ela diz respeito a todos os sentidos. Não acredito que nada seja mais adequado para estabelecermos uma ideia clara da beleza visual que esta forma de examinarmos os prazeres semelhantes de outros sentidos; pois, às vezes, algo que está claro em um desses sentidos é mais obscuro em outro; e sempre que houver uma clara concordância entre todos os sentidos, poderemos falar com maior certeza sobre qualquer um deles. Por este meio, eles prestam testemunho uns aos outros; a natureza fica, por assim dizer, detalhadamente examinada e dela relatamos apenas aquilo que ela nos informa diretamente.

---

121. *I ne'er am merry, when I hear sweet music* [A música afetuosa nunca me deixa feliz]. (N.A.) [William Shakespeare, *O Mercador de Veneza*, v, i, 69.]

Seção XXVII – Comparação
ENTRE O SUBLIME E A BELEZA

Ao encerrarmos esta visão geral sobre a beleza, ocorre-nos naturalmente que deveríamos compará-la ao sublime; e nessa comparação surge um contraste notável. Pois os objetos sublimes possuem dimensões vastas, enquanto os belos são comparativamente pequenos; a beleza deve ser suave e polida; o grandioso deve ser áspero e negligente; a beleza deve evitar a linha reta e, ainda, fazer curvas imperceptíveis; o grandioso em muitos casos ama a linha certa e, quando ele se faz uma curva, muitas vezes faz uma curva forte; a beleza não deve ser obscura; o grandioso deve ser escuro e sombrio; a beleza deve ser leve e delicada; o grandioso deve ser sólido e até mesmo maciço. De fato, são ideias de naturezas muito diferentes, uma funda-se na dor, a outra no prazer; e, mesmo que, posteriormente, se tornem diferentes da natureza direta de suas causas, ainda assim, essas causas mantêm uma distinção eterna entre si: uma distinção que deve sempre ser lembrada por aqueles cujo ofício é incitar as paixões. Na infinita variedade de combinações naturais, devemos esperar encontrar unidas no mesmo objeto as características das coisas mais remotas possíveis. Também devemos esperar encontrar combinações do mesmo tipo nas obras de arte. Mas, ao considerarmos o poder de um objeto sobre nossas paixões, devemos saber que, quando desejamos que algo afete a mente pela força de alguma propriedade predominante, o afeto produzido será provavelmente mais uniforme e perfeito se todas as outras propriedades ou qualidades do objeto possuírem a mesma natureza e tenderem para o mesmo fim que a principal;

If black, and white blend, soften, and unite,
A thousand ways, are there no black and white?[122]

[Preto e branco deixam de existir quando se misturam,
se abrandam e se unem de mil maneiras?]

Se as características do sublime e do belo estão, por vezes, unidas, será que isso prova que eles são o mesmo? Prova que eles estão de alguma forma aliados? Prova que eles não são opostos e contraditórios? Preto e branco podem ficar mais suaves, podem misturar-se, mas nunca serão iguais. Nem mesmo quando estão tão suavizados e misturados um com o outro (ou com cores diferentes), o poder do preto como preto ou do branco como o branco é tão forte como quando cada um permanece uniforme e distinto.

Fim da Terceira Parte.

---

122. POPE, Alexander. *Essay on Man*, 11, 213-214.

Parte IV

Seção I – A causa eficiente do sublime e da beleza

Quando digo que tenho a intenção de investigar a causa eficiente da sublimidade e da beleza, não entendam que sou capaz de chegar à causa final. Não suponho que serei capaz de explicar porque certas afeições do corpo produzem uma emoção distinta da mente e nenhuma outra; ou porque o corpo é afetado pela mente, ou a mente pelo corpo. Uma pequena reflexão mostrará que isso é impossível. Mas acredito que já teremos feito muito se conseguirmos descobrir quais afetos da mente produzem certas emoções do corpo e quais paixões determinadas na mente e não outras serão produzidas por quais sensações e características distintas do corpo; algo bastante útil para um conhecimento distinto de nossas paixões, pelo menos da forma que as temos no momento sob nossa consideração. Isso é tudo, creio, que podemos fazer. Se pudéssemos avançar um passo adiante, ainda assim haveria dificuldades, pois ainda estaríamos distantes da causa primeira. Quando Newton[123] descobriu a propriedade de atração e estabeleceu suas leis, ele percebeu que ela era bastante útil para explicar muito bem vários dos fenômenos mais notáveis da natureza; mas, em relação ao sistema geral das coisas, ele considerou a atração apenas como um efeito, cuja causa, naquela época, ele não tentou buscar. Porém, mais tarde, quando ele passou a explicá-la por meio de um éter elástico e sutil, esse grande homem (caso não seja quase um pecado descobrir algo semelhante a um defeito neste homem tão grandioso) parece ter renunciado à cautela com a

---

123. *Philosophiae Naturalis Principia Mathematica*, n. 393. Tradução para o inglês de 1729, de Isaac Newton (1642-1727).

qual costumava filosofar, pois, talvez, após todos os avanços em relação à matéria terem sido provados de modo suficiente, acredito que eles nos deixam com tantas dificuldades como quando os encontramos inicialmente. Essa grande cadeia de causas, que se ligam umas às outras até chegar ao trono do próprio Deus, nunca será desemaranhada por quaisquer artifícios que empreendamos. Já nos encontramos fora de nossa esfera de conhecimentos mesmo quando damos apenas um passo além das características sensíveis imediatas das coisas. Tudo o que fazemos depois é apenas uma luta débil que demonstra estarmos em meio a um elemento que não nos pertence. Dessa forma, quando falo de causa eficiente, quero apenas dizer certas afeições da mente que acarretam determinadas alterações no corpo; ou certos poderes e propriedades dos corpos que geram uma mudança na mente. Caso precisasse explicar o movimento de um corpo que cai no solo, diria que a queda foi causada pela gravidade e me esforçaria para mostrar a forma de operação dessa força sem tentar provar a razão dessa operação; ou se fosse para explicar os efeitos do impacto entre os corpos, eu utilizaria as leis comuns das colisões; assim, não explicaria como o movimento em si é comunicado.

Seção II – Associação

Há um grande obstáculo para nossa investigação sobre as causas de nossas paixões, a saber, muitas delas ocorrem e seus movimentos dominantes são comunicados em um momento em que não somos capazes de refletir sobre elas; em um momento em que todo tipo de memória se esvai de nossas mentes. Pois, além das coisas que nos afetam de diversas maneiras de acordo com seus poderes naturais, existem associações feitas naquele ponto inicial, as quais, após o fato, são muito difíceis de serem distinguidas dos efeitos naturais. Sem falar das inexplicáveis aversões que encontramos em muitas pessoas. Apesar de todos nós considerarmos impossível lembrar o momento em que uma superfície íngreme tornou-se mais terrível do que uma planície, ou o fogo ou a água mais terrível do que um torrão de terra, todas essas coisas resultam provavelmente das conclusões retiradas de nossas experiências, ou decorrem das apreensões dos outros; e algumas, supostamente, causam sua impressão bem mais tarde. Mas, já que devemos aceitar que muitas coisas nos afetam de certa maneira, não por meio de poderes naturais que possuam para tal fim, mas pela associação, então, por outro lado, seria absurdo dizer que todas as coisas nos afetam apenas por meio da associação; isso porque algumas coisas precisam ter sido original e naturalmente agradáveis ou desagradáveis, a partir das quais as outras coisas obtêm seus poderes associados; e haveria, imagino, pouco propósito em buscar nas associações a causa de nossas paixões, antes de pesquisá-la plenamente nas propriedades naturais das coisas.

Seção III – Causa da dor e do medo

Já observei anteriormente[124] que tudo o que está qualificado para causar terror é uma base hábil para o sublime; a isso faço uma adição: muitas coisas das quais provavelmente não percebemos qualquer perigo possuem um efeito semelhante, porque elas operam de forma semelhante. Notei também que[125] tudo o que produz prazer, prazer positivo e original, está apto a ter a beleza incorporada a ele. Portanto, para explicar a natureza dessas características, talvez seja necessário explicar a natureza da dor e do prazer, dos quais elas dependem. Um homem que sofre violentas dores em seu corpo (suponho as mais violentas, porque o efeito fica mais óbvio); um homem que sofre muito tem seus dentes cerrados, suas sobrancelhas violentamente contraídas, sua testa enrugada, os olhos afundados reviram com grande veemência, seus pelos ficam eriçados, a voz faz força para sair em gritos curtos e gemidos e todo o seu corpo cambaleia. O medo ou o terror, que é a apreensão de dor ou morte, exibem exatamente os mesmos efeitos, aproximando-se da violência mencionada, proporcionalmente à proximidade da causa e à fraqueza do sujeito. Isso não ocorre apenas na espécie humana; mais de uma vez, observei as mesmas características em cães punidos; eles contorciam seus corpos, latiam e uivavam como se realmente sentissem os golpes. Disso, concluo que dor e medo agem nas mesmas partes do corpo e da mesma forma, apesar de diferirem um pouco em seu grau. Assim, a dor e o medo consistem em uma tensão anormal dos nervos; eles, por vezes, são acompanhados de uma força sobrenatural que, às vezes, transforma-se repentinamente em uma fraqueza extraordinária; normalmente esses efeitos surgem de maneira alternada e, às vezes, misturam-se uns com os outros. Essa é a natureza de todas as agitações convulsivas, especialmente em indivíduos mais fracos, os quais estão mais suscetíveis às impressões mais severas da dor e do medo. A única diferença entre dor e terror é que as coisas que causam dor operam na mente pela intervenção do corpo; enquanto

---

124. Parte I, Seção VIII. [Provavelmente, Parte I, Seção VII.] (N.A.)
125. Parte I, Seção X. (N.A.)

as coisas que causam terror geralmente afetam os órgãos corporais pelas operações da mente que sugerem o perigo; mas ambos produzem, de forma primária ou secundária, uma tensão, contração ou emoção violenta dos nervos[126]; eles concordam, do mesmo modo, em tudo o mais. Pois me parece claro, por esse e por muitos outros exemplos, que, quando o corpo está predisposto, por qualquer meio, às emoções que poderia sentir por intermédio de certa paixão, ele próprio irá incitar na mente algo muito se-melhante a tal paixão.

Seção IV – Continuação

Para essa finalidade, o Sr. Spon, em seu livro *Recherches d'antiquité*[127], nos oferece uma curiosa história do célebre fisionomista Campanella[128]; este homem, ao que parece, não só fez observações muito precisas sobre os rostos humanos, mas também sabia imitar bem aqueles que eram notáveis de alguma forma. Quando desejava penetrar nas inclinações daquele que ele precisava lidar, compunha seu rosto, seus gestos e todo o seu corpo da maneira mais exata à semelhança da pessoa que ele precisava examinar; e, então, observava cuidadosamente a transformação que sua mente parecia adquirir por meio dessa mudança. Assim, diz o autor, ele era capaz de adentrar nas disposições e nos pensamentos das pessoas de modo eficaz, como se ele tivesse sido transformado naqueles homens. Tenho normalmente observado que, ao imitar os olhares e os gestos da raiva, ou da placidez, ou de homens assustados ou ousados, minha mente vê-se involuntariamente tomada pela paixão cuja aparência se esforça em imitar; ou melhor, estou convencido de que é difícil evitá-la, embora nos esforcemos para separar a paixão de seus gestos correspondentes. Nossas mentes e corpos estão ligados de maneira tão próxima e íntima que estes são incapazes de sentir dor ou prazer sem aquelas e vice-versa. Campanella, de quem temos falado, conseguia, então, abstrair tanto a atenção de qualquer sofrimento do seu corpo, que era capaz de suportar o próprio tormento sem muita dor; e nas dores menores, todos já devem ter notado que, quando conseguimos manter nossa atenção em qualquer outra coisa, a dor fica suspensa por um tempo;

---

126. Não entro aqui na questão debatida entre os fisiologistas, isto é, se a dor é o efeito de uma contração ou de uma tensão dos nervos. Nenhum dos dois servirá a meu propósito, pois entendo por tensão apenas a intensa força de tração das fibras que compõem quaisquer músculos ou membranas, independentemente de como essa operação é efetuada. (N.A.)
127. SPON, Jacob. *Recherches curieuses d'antiquité*. Lyon: Pesquisas Curiosas da Antiguidade, 1683.
128. Tomasso Campanella (1568-1639), monge dominicano e filósofo.

por outro lado, se por qualquer meio, o corpo não está disposto a realizar os gestos ou ser estimulado pelas emoções geralmente produzidas nele por quaisquer paixões, então aquelas paixões não surgirão, ainda que a ação de sua causa seja extremamente forte; ainda que seja meramente mental e não afete de imediato nenhum dos sentidos. Os opioides e bebidas alcoólicas suspendem a operação da tristeza, do medo ou da raiva, apesar de todos os nossos esforços em contrário; eles induzem no corpo uma disposição contrária àquilo que recebem dessas paixões.

Seção V – Como o sublime é produzido

Após termos considerado o terror como produtor de uma tensão anormal e certas emoções violentas dos nervos, facilmente se deduz o que acabamos de dizer, que tudo o que está apto a produzir tal tensão poderá produzir uma paixão semelhante ao terror[129] e, consequentemente, será uma fonte do sublime, ainda que não haja qualquer ideia de perigo ligada a ela. Assim, pouco resta para demonstrar em relação à causa do sublime, exceto mostrar que os exemplos dados na segunda parte se relacionam com aquelas coisas que, por sua natureza, são capazes de produzir esse tipo de tensão, seja pela operação primária da mente ou do corpo. No que se refere às coisas afetadas pela ideia de perigo associada a elas não pode haver dúvidas, senão que produzem o terror e agem por meio de alguma modificação dessa paixão; e não há dúvidas de que o terror, quando suficientemente violento, gera as emoções do corpo anteriormente mencionadas. Mas se o sublime é construído sobre a base do terror, ou alguma paixão semelhante que tenha a dor como seu objeto, é apropriado investigarmos primeiramente como qualquer espécie de deleite pode ser derivado de uma causa aparentemente tão contrária a ele. Digo *deleite*, pois, como já observei muitas vezes, ele é evidentemente muito diferente do prazer real e positivo, tanto em sua em sua causa quanto em sua própria natureza.

Seção VI – A dor pode ser causa de deleite

Quis a Providência, então, ordenar que o estado de descanso e inação, mesmo incentivando nossa indolência, produzisse muitos inconvenientes e gerasse desordens capazes de nos obrigar a recorrer a algum trabalho como algo absolutamente necessário para que nossas vidas transcorressem com

---

129. Parte II, Seção II. (N.A.)

uma satisfação tolerável, pois a natureza do descanso é fazer que todas as partes do nosso corpo relaxem, de forma não apenas a desabilitar os membros de exercerem suas funções, mas também a tirar o tônus vigoroso da fibra, indispensável para a continuidade das secreções naturais e necessárias. E, ao mesmo tempo, quis ela que, nesse estado inativo e lânguido, os nervos estivessem mais suscetíveis às convulsões mais horríveis do que quando estão suficientemente preparados e fortalecidos. Melancolia, desânimo, desespero e, muitas vezes, suicídio, são consequências da visão sombria que temos das coisas quando estamos nesse estado relaxado do corpo. O melhor remédio para todos esses males é o exercício ou *trabalho*; e o trabalho é um ultrapassar de *dificuldades*, um esforço do poder de contração dos músculos; e como tal se assemelha à dor, que consiste na tensão ou contração de tudo, exceto de seu grau. O trabalho não é só indispensável para preservar os órgãos mais grosseiros em um estado apto para suas funções, mas é igualmente necessário para aqueles órgãos mais refinados e delicados, nos quais e pelos quais agem a imaginação e talvez os outros poderes mentais. Já que é provável que não só as partes inferiores da alma, como são chamadas as paixões, mas também o próprio entendimento fazem uso de alguns instrumentos corpóreos em seu funcionamento. No entanto, o que são e onde estão é algo um pouco difícil de ser resolvido, mas que fazemos uso deles é provado pelo seguinte: um longo exercício dos poderes mentais induz a uma notável lassidão de todo o corpo e, por outro lado, um grande trabalho físico, ou uma grande dor enfraquece – chegando por vezes a destruir – as faculdades mentais. Agora, já que o devido exercício é essencial para as partes musculares grosseiras de nosso organismo e tendo em vista que sem esse estímulo elas se tornam lânguidas e doentes, a mesma regra é válida no que diz respeito às partes mais delicadas que mencionamos: para que estejam em boa ordem, devemos perturbá-las e trabalhá-las em um grau adequado.

Seção VII – O exercício é necessário para os órgãos mais delicados

Da mesma forma que o trabalho comum, que é uma modalidade de dor, é o exercício das partes mais grosseiras do sistema, o exercício das partes mais delicadas é uma modalidade de terror; e se a natureza de certa modalidade de dor for agir sobre o olho ou o ouvido, que são órgãos mais delicados, a sensação aproxima-se mais daquelas que possuem uma causa mental. Em todos esses casos, se a dor e o terror forem modificados a ponto de não serem realmente nocivos, se a dor não for causada por violência e se o terror não estiver relacionado à destruição iminente da pessoa e, tendo em vista que essas emoções livram tanto as partes delicadas quanto as grosseiras de demandas perigosas e problemáticas, elas serão capazes de produzir o deleite; não o prazer, mas uma espécie de horror deleitoso, uma espécie de tranquilidade tingida de terror; o qual, por pertencer à autopreservação, é uma das mais fortes paixões. Seu objeto é o sublime[130]. Chamo seu mais alto grau de *assombro*; seus graus subordinados são o intimidador, a reverência e o respeito; a própria etimologia dessas palavras indica suas fontes e como elas se distinguem do prazer positivo.

Seção VIII – Por que as coisas não perigosas às vezes produzem uma paixão como o terror

A causa[131] do sublime é sempre uma modalidade de terror ou de dor. Para o terror, ou o perigo associado a ele, a explicação anterior é, acredito, suficiente. Precisaremos ainda fazer algum esforço para mostrar que os exemplos do sublime oferecidos na segunda parte são capazes de produzir uma modalidade de dor e que, por esse motivo, está aliado ao terror e deve ser explicado pelos mesmos princípios. Em primeiro lugar discorrerei sobre os objetos de grandes dimensões. Falo dos objetos visuais.

Seção IX – Por que os objetos visuais de grandes dimensões são sublimes

A visão é levada a cabo quando os raios de luz refletidos de um objeto formam uma imagem integral e instantaneamente na retina, isto é, na última parte nervosa do olho. Ou, de acordo com os outros autores, apenas um ponto dos objetos é pintado no olho, de forma a ser percebido de uma só vez; e, ao movermos os olhos, reunimos rapidamente as várias partes do objeto para formarmos uma única peça uniforme. Se aceitarmos a primeira opinião, deveremos considerar que[132], apesar de toda a luz refletida de um grande corpo atingir os olhos instantaneamente, ainda assim devemos supor que o próprio corpo é formado por um grande número de pontos distintos, sendo que, cada um deles, ou o raio de cada um deles, causa uma

---

130. Parte II, Seção III. (N.A.)
131. Parte I, Seção VII. (N.A.)
132. Parte II, Seção VII. (N.A.)

impressão sobre a retina. Assim, embora a imagem de um ponto cause apenas uma pequena tensão dessa membrana, todos os outros causarão, em seu progresso, uma grande tensão, até que, finalmente, atinjam seu mais alto grau; e, assim, a capacidade total dos olhos, vibrando em todas as suas partes, chegará muito próxima da natureza daquilo que causa dor e, consequentemente, produzirá uma ideia do sublime. Por outro lado, se aceitarmos que apenas um ponto do objeto é distinguível imediatamente, o caso será quase o mesmo, isto é, a origem do sublime a partir das grandes dimensões ficará ainda mais clara. Pois, se apenas um ponto é percebido imediatamente, o olho deverá percorrer o vasto espaço ocupado por esses corpos com grande rapidez e, consequentemente, os nervos mais delicados e os músculos responsáveis pelos movimentos daquela parte receberão muita tensão; e a grande sensibilidade deles fará que sejam fortemente afetados por essa tensão. De mais a mais, isso não traz nenhum significado em relação ao efeito produzido; se um corpo tem suas partes conectadas e causa uma impressão imediata ou se a impressão é feita ponto a ponto, pois este último causará uma sucessão dos mesmos pontos ou de outros de forma tão rápida que eles parecerão estar unidos; isso pode ser evidenciado pelo efeito comum causado ao girarmos uma tocha acesa ou um pedaço de madeira; se os giramos rapidamente, veremos a figura de um círculo de fogo.

Seção X – Por que a unidade é requisito da vastidão

A essa teoria, pode-se objetar que os olhos costumam sempre receber um número igual de raios e que, portanto, um grande objeto não conseguirá afetá-los, a partir da quantidade de raios, mais do que a diversidade de objetos que os olhos, quando estão abertos, conseguem sempre discernir. Mas a isso respondo: admitindo-se que em cada momento o olho seja atingido por um número igual de raios, ou uma quantidade igual de partículas luminosas, ainda assim, se a natureza desses raios varia com frequência – primeiro azul, depois vermelho e assim por diante – ou se varia em sua forma final, a saber, pequenos quadrados, triângulos ou formas semelhantes, então, a cada mudança, seja na cor ou na forma, ocorre certo tipo de relaxamento ou de descanso do órgão; mas esse relaxamento e trabalho sempre interrompido nunca dão origem à tranquilidade, nem produzem o efeito do trabalho vigoroso e uniforme. Todo aquele que já observou os diferentes efeitos entre o exercício vigoroso e a pequena ação corriqueira entenderá por que a ocupação irritante e perturbadora que, ao mesmo tempo, cansa e enfraquece o corpo, não tem nada de grandiosa; esses tipos de impulsos – que, por alterarem seu tom e direção de forma contínua e repentina são mais perturbadores que dolorosos – impedem o surgimento daquela tensão plena, daquela espécie de trabalho uniforme que está aliada à dor forte e é causa do sublime. A somatória de todas as coisas de vários tipos, embora devesse ser igual ao número das partes uniformes que compõem *um* objeto inteiro, não é igual em seu efeito sobre os órgãos de nossos corpos. Além da razão já atribuída para a diferença, há outra bastante forte. A mente, na realidade, quase nunca consegue oferecer atenção diligente para mais de uma coisa por vez; se essa coisa for pequena, o efeito é pequeno e não seremos capazes de dar atenção a vários outros pequenos objetos; a mente fica delimitada pelos limites do objeto; e tudo que não recebe nossa atenção e tudo que não existe são iguais em seus efeitos; mas em relação aos objetos grandes e uniformes, o olho ou a mente (pois neste caso não há nenhuma diferença) não consegue perceber facilmente seus limites; não conseguem relaxar enquanto os contempla; a imagem é praticamente a mesma em toda parte. Assim, tudo que é grandioso por sua quantidade será necessariamente uno, simples e inteiro.

Seção XI – O infinito artificial

Já observamos que uma espécie de grandiosidade se origina do infinito artificial, e que esse infinito consiste em uma sucessão uniforme de partes grandes; também observamos que a mesma sucessão uniforme possui um poder similar em relação aos sons. Mas, tendo em vista que os efeitos de muitas coisas são mais claros para um dos sentidos que para outro e que todos os sentidos possuem uma analogia entre si e uns exemplificam os outros, começarei com o poder existente nos sons, pois a causa da sublimidade da sucessão está mais evidente no sentido da audição. Pela última vez, faço a seguinte observação: uma investigação das causas naturais e mecânicas de nossas paixões, além da curiosidade sobre o assunto, oferece, caso sejam descobertas, força e brilho redobrados a quaisquer regras que consigamos estabelecer sobre esses temas. Quando a orelha recebe um som simples, ela é atingida por um único pulso de ar, o que faz com que o tímpano e as outras partes membranosas vibrem de acordo com a natureza e a espécie daquilo que as atingiu. Se aquilo que o atingir é forte, o órgão da audição sofre um considerável grau de tensão. Se for repetido logo depois, a repetição traz a expectativa de ser novamente atingido. E devemos observar que a expectativa em si causa uma tensão. Isso é evidente em muitos animais que, quando se preparam para ouvir algum som, levantam-se e eriçam suas orelhas; dessa forma, o efeito dos sons neste ponto é consideravelmente aumentado por um novo adjuvante, a expectativa. Mas, embora esperemos outro som após sermos atingidos por vários deles, quando não somos capazes de determinar o momento de sua chegada, eles produzem uma espécie de surpresa quando chegam e isso aumenta a tensão ainda mais. Nesse sentido, notei que sempre que espero ansiosamente por algum som que estivesse ocorrendo em intervalos (por exemplo, os disparos sucessivos de um canhão), muito embora o som fosse esperado, me assustava um pouco sempre que ele chegava; o tímpano sofria uma convulsão e todo o corpo aquiescia. A tensão da parte assim aumentada a cada novo impacto por meio das forças unidas dos próprios impactos, a expectativa e a surpresa chegam a tons tão elevados que se tornam capazes de produzir o sublime; chega-se ao limiar da dor. Muitas vezes, mesmo após a cessação da causa, os órgãos da audição, tendo sido sucessivamente atingidos de maneira semelhante, continuam a vibrar da mesma forma durante algum tempo mais; isso ajuda a adicionar grandeza ao efeito.

Seção XII – As vibrações devem ser similares

Mas se, a cada impressão, a vibração não for semelhante, ela nunca irá além do número de impressões reais, pois se movimentarmos qualquer corpo, um pêndulo, por exemplo, em uma direção, ele continuará a oscilar em um arco do mesmo círculo até que as causas conhecidas o façam parar; mas, se após o colocarmos em movimento em uma direção, o empurrarmos para outra, ele nunca voltará à primeira direção, pois ele não pode mover-se a si mesmo e, consequentemente, ele terá apenas o efeito do último movimento; por outro lado, se ele for empurrado diversas vezes na mesma direção, o pêndulo descreverá um arco maior e irá movimentar-se por mais tempo.

Seção XIII – Explicação dos efeitos da sucessão em objetos visuais

Se conseguirmos compreender claramente como as coisas funcionam em um de nossos sentidos, haverá pouca dificuldade em explicar como elas afetam os outros. Dessa forma, se fôssemos falar sobre as impressões correspondentes de cada um dos sentidos, isso tenderia a nos fatigar por uma repetição inútil e não lançaria nenhuma nova luz sobre o assunto, obtida por essa maneira ampla e difusa de tratá-lo; mas, já que no presente texto nos atemos principalmente ao sublime e seus efeitos sobre os olhos, iremos discutir particularmente por que é sublime uma disposição sucessiva de partes uniformes em uma mesma linha certa[133] e por qual princípio essa disposição consegue fazer que uma quantidade relativamente pequena de matéria produza um efeito maior que uma quantidade muito maior disposta de outra forma. Para evitar a perplexidade das noções gerais, ponhamos diante de nossos olhos uma colunata de pilares uniformes dispostos em uma linha certa; posicionemo-nos de tal modo que o olho possa enxergar ao longo dessa colunata, pois ele tem seu melhor efeito nessa perspectiva. Em nossa situação atual, é claro que os raios do primeiro pilar circular causarão no olho uma vibração daquela mesma espécie, isto é, uma imagem do próprio pilar. O primeiro pilar que o sucede aumenta a impressão e o próximo a renova e a reforça; cada um, em sua ordem de sucessão, impulso após impulso e golpe após golpe, repete o mesmo até que o olho, já bem exercitado de maneira específica, não consegue mais perder esse objeto de vista imediatamente; e sendo violentamente despertado por essa agitação contínua, apresenta à mente um conceito grandioso ou sublime. Mas em vez de olharmos para uma linha de pilares uniformes; suponhamos que a cada pilar circular sucedesse um retangular, alternadamente. Nesse caso, a vibração causada pelo primeiro pilar redondo perece tão logo é formada; e um pilar de outra espécie (retangular) ocupa imediatamente seu lugar, mas esta última é rapidamente demovida por outro pilar circular; e, assim, em todo o comprimento da construção, o olho continua, alternadamente, tomando uma imagem e deixando outra de lado. Fica óbvio, a partir do exemplo, que na última coluna, a impressão está muito longe de manter-se como estava na primeira, pois, na verdade, os sentidos conseguem receber impressões distintas apenas da última e não é capaz de retomar uma impressão muito diferente; além disso, todas as variações do objeto constituem um descanso e relaxamento para os órgãos da visão; e essas pausas impedem o surgimento daquela poderosa emoção que é tão necessária para a produção do sublime. Para produzir, portanto, uma grandiosidade perfeita nas coisas que mencionamos, deve haver uma perfeita simplicidade, uma absoluta uniformidade na disposição, forma e coloração delas. Sobre

---

133. Parte II, Seção X. (N.A.)

esse princípio da sucessão e uniformidade alguém poderia perguntar: por que uma parede longa e vazia não pode ser um objeto mais sublime do que uma colunata, já que sua sucessão não é interrompida, já que o olho não encontra impedimentos, já que não há como imaginar algo mais uniforme? Uma parede longa e vazia certamente não é um objeto tão grandioso como uma colunata do mesmo comprimento e altura. Não é muito difícil explicar essa diferença. Quando olhamos para uma parede vazia, a regularidade do objeto faz que o olho percorra ao longo de todo o seu espaço e chegue rapidamente ao seu fim; o olho não encontra nada que possa interromper o seu progresso; ele não encontra nada que possa detê-lo durante um período adequado para a produção de um efeito grande ou duradouro. A observação de uma parede vazia, caso ela seja muito alta e comprida, seria evidentemente grandiosa: mas ela constitui apenas *uma* ideia e não uma *repetição* de ideias *semelhantes*; ela é, então, grandiosa não tanto pelo princípio da *infinitude*, mas pelo da *vastidão*. Mas não somos afetados tão poderosamente por qualquer impulso único, a não ser que ele constitua uma força realmente prodigiosa. Somos mais afetados pela sucessão de impulsos similares, pois os nervos sensoriais não (se me permitem a expressão) adquirem o hábito de repetir a mesma sensação de modo a continuá-la por mais tempo do que sua causa está em ação; além disso, todos os efeitos que atribuí à expectativa e à surpresa na Seção II não existem em uma parede vazia.

Seção XIV – Consideração sobre a opinião de Locke em relação à escuridão

De acordo com o Sr. Locke, a escuridão não é uma ideia natural e, além disso, embora a luz excessiva seja dolorosa para os sentidos, o maior excesso de escuridão não é de modo algum algo preocupante[134]. Ele observa, na verdade, em outra passagem, que quando uma enfermeira ou uma velha associam as representações de fantasmas e duendes à ideia de escuridão, a noite passa a ser sempre dolorosa e horrível para a imaginação[135]. A autoridade desse grande homem é sem dúvida tão grande como pode ser a de qualquer outro homem e ela parece atrapalhar nosso princípio geral[136]. Anteriormente, consideramos a escuridão como uma causa do sublime e

---

134. LOCKE, John. *Ensaio sobre o Entendimento Humano*, II, VII, 4.
135. *Ibid.*, II, XXXIII, 10.
136. Parte II, Seção III. (N.A.)

consideramos que o sublime depende de alguma modificação da dor ou terror; assim, caso a escuridão não seja de maneira alguma dolorosa ou terrível para as pessoas cujas mentes não foram desde cedo contaminadas pelas superstições, então não será fonte do sublime para elas. Mas, com toda deferência devida a essa autoridade, me parece que uma associação de caráter mais geral, uma associação que serve para toda a humanidade pode tornar a escuridão algo terrível; pois, na escuridão total, é impossível conhecer nosso grau de segurança, ignoramos os objetos que nos rodeia, podemos colidir a qualquer momento com algum obstáculo perigoso, podemos cair em um precipício no primeiro passo que dermos e caso um inimigo se aproxime de nós, não saberemos qual lado defender; neste último caso, a força não nos protegerá, a sabedoria somente agirá por meio de palpites, os mais ousados vacilam e aquele que não tem mais para quem apelar por sua defesa é forçado a suplicar por luz.

> Ζεῦ πάτερ ἀλλὰ σὺ ῥῦσαι ὑπ' ἠέρος υἷας Ἀχαιῶν,
> ποίησον δ' αἴθρην, δὸς δ' ὀφθαλμοῖσιν ἰδέσθαι·
> ἐν δὲ φάει καὶ ὄλεσσον[137]

> [Zeus Pai, afaste de seus filhos aqueus a escuridão,
> dê-nos tempo claro e deixe-nos ver com nossos próprios olhos.
> Desde que haja luz, você pode até nos destruir.]

Quanto à associação de fantasmas e duendes, certamente é mais natural pensar que a escuridão, por ser originalmente uma ideia de terror, foi escolhida como um cenário mais apropriado para tais representações terríveis do que imaginar que tais representações tornaram a escuridão terrível. A mente humana recai muito facilmente no primeiro tipo de erro, mas é muito difícil imaginar que o efeito de uma ideia tão universalmente terrível quanto a escuridão poderia, em todas as épocas e em todos os países, ser o resultado de um conjunto de histórias vazias, ou de causas de natureza tão trivial e com operações tão duvidosas.

Seção XV – A escuridão é terrível em sua própria natureza

Em uma investigação, talvez pareça que a obscuridade e a escuridão sejam, em certo grau, dolorosas por seu funcionamento natural, independentemente de quaisquer tipos de associações. Devemos observar que as ideias

---

137. HOMERO. *Ilíada*, XVII, 645-647.

de escuridão e obscuridade são praticamente iguais; elas possuem apenas uma diferença, a saber: a escuridão é uma ideia mais limitada. O Sr. Cheselden[138] oferece-nos uma história muito curiosa sobre um menino que tinha nascido cego e que assim permaneceu até seus 13 ou 14 anos de idade, quando operou sua catarata e passou a enxergar. Dentre muitas particularidades notáveis que fizeram parte de suas primeiras percepções e juízos sobre os objetos visuais, Cheselden nos diz que o menino ficou bastante inquieto quando viu um objeto preto pela primeira vez e que, algum tempo depois, após acidentalmente ver uma mulher negra, ele ficou aterrorizado com a visão. O horror, neste caso, dificilmente se deve a quaisquer associações. Pelo relato, parece que o menino era particularmente observador e sensível para sua idade e, portanto, caso a grande inquietação que sentiu ao ver a cor negra pela primeira vez fosse originada da conexão desta com outras ideias desagradáveis, ele teria observado e mencionado tal fato. Pois, em relação a uma ideia desagradável apenas por associação, a causa de seu efeito nocivo sobre as paixões fica bastante evidente em uma primeira impressão; mas em casos normais, ela costuma não ser percebida, isso porque a associação original foi feita ainda muito cedo e a consequente impressão foi repetida muitas vezes. Em nosso exemplo, não houve tempo para a formação desse hábito e não há nenhuma razão para pensar que, na imaginação do menino, os efeitos nocivos da cor negra tenham surgido de alguma ideia desagradável, da mesma forma que não há como dizer que os bons efeitos das cores mais alegres derivam de sua conexão com ideias agradáveis. É provável que os efeitos de ambas derivem do funcionamento natural de cada uma.

Seção XVI – Por que a escuridão é terrível

Talvez valha a pena examinar como a escuridão causa dor. Podemos notar que, ao nos afastarmos da luz, a natureza construiu a pupila de forma a ficar aumentada pela contração da íris e na proporção de nosso afastamento. Agora, em vez de nos afastarmos apenas um pouco da luz, suponha que a retiremos totalmente; é razoável pensar que a contração das fibras radiais da íris será proporcionalmente maior e que essa parte fique tão contraída pela maior escuridão, a ponto de distender os nervos que a compõem além de sua tensão natural e, assim, produzir uma sensação dolorosa. Tal tensão

---

138. O médico cirurgião William Cheselden (1688-1752) em *Philosophical Transactions of the Royal Society*, 35 (1729), 447-450.

parece certamente existir quando estamos envoltos pela escuridão, pois, neste estado, enquanto o olho permanece aberto, existe um esforço contínuo para receber a luz; isso pode ser evidenciado pelos lampejos e aparições luminosas que muitas vezes surgem ante os olhos nessas circunstâncias e que não são outra coisa senão o efeito dos espasmos produzidos por seus próprios esforços em busca de seu objeto. Conforme percebemos em muitas ocasiões, além da própria substância da luz, vários outros impulsos fortes produzirão a ideia de luz no olho. A partir da dilatação da pupila, alguns que aceitam a escuridão como causa do sublime deduziriam que o relaxamento poderia tanto produzir o sublime, bem como uma convulsão; mas, acredito, eles não levam em conta que, embora o anel circular da íris seja de certa forma um esfíncter que pode ser dilatado pelo simples relaxamento, ele difere da maioria dos outros esfíncteres do corpo, pois possui músculos antagonistas, que são as fibras radiais da íris; assim que o músculo circular começa a relaxar, essas fibras, buscando o equilíbrio, são forçadas a voltar e a abrir a pupila em uma amplitude considerável. Mas, mesmo sem perceber isso, acredito que qualquer um notará uma dor bastante perceptível caso abra os olhos e se esforce para enxergar em um lugar escuro. Ouvi o comentário de algumas senhoras que, após terem trabalhado por muito tempo em um solo negro, seus olhos ficaram tão dolorosos e enfraquecidos que mal conseguiam enxergar. A seguinte objeção poderia ser feita a essa teoria do efeito mecânico da escuridão: os efeitos nocivos da escuridão ou da obscuridade parecem ser mais mentais que físicos; e reconheço que tal objeção é verdadeira, eles o são; assim como o são todos os efeitos que dependem das sensações das partes mais delicadas de nosso organismo. Os efeitos nocivos do mau tempo parecem assemelhar-se à melancolia e à depressão, embora sem dúvida, neste caso, os órgãos do corpo são os primeiros a sofrer e depois, por meio desses órgãos, a mente.

SEÇÃO XVII – OS EFEITOS DA OBSCURIDADE

A obscuridade é apenas uma *escuridão parcial*; e, portanto, deriva alguns de seus poderes por estar misturada e rodeada de corpos coloridos. Ela não pode ser considerada uma cor por sua própria natureza. Os corpos negros, refletindo apenas alguns raios ou nenhum, no que respeita à vista, são apenas como muitos espaços vazios, espalhados entre os objetos que enxergamos. Os olhos relaxam repentinamente quando pousam em um desses espaços vazios, após terem sido mantidos em algum grau de tensão pelo jogo das cores adjacentes aos vazios, mas, logo depois, eles se recuperam, também de maneira repentina, por um recuo convulsivo. Ilustremos o caso: consideremos que, quando temos a intenção de sentar em uma cadeira que é muito menor do que o esperado, o choque é muito violento; muito mais violento do que se poderia imaginar em uma queda tão pequena quanto poderia ocorrer por causa da diferença entre uma cadeira e a outra. Se, depois de descer um lance de escadas, tentarmos inadvertidamente dar um passo a mais, semelhante aos anteriores, o choque é extremamente rude e desagradável; além disso, quando esperamos e estamos preparados, não somos capazes de reproduzir tal choque por nenhuma técnica. Quando afirmo que isso ocorre por causa de uma mudança contrária à expectativa, não digo que a expectativa é exclusiva da *mente*. Quero dizer também que, quando qualquer órgão dos sentidos é afetado de certa forma e por algum tempo, se ele for repentinamente afetado por algo diferente, surgirá um movimento convulsivo, a mesma convulsão que é causada quando acontece qualquer coisa contrária à expectativa da mente. E embora possa parecer estranho que a mudança que produz um relaxamento deva imediatamente produzir uma convulsão súbita, é exatamente isso que acontece com todos os sentidos. Todos sabem que o sono é um relaxamento; e o silêncio em que nada mantém os órgãos da audição em ação está, em geral, mais apto a gerar tal relaxamento; ainda assim, quando o homem fica disposto a dormir por causa de uma espécie de murmuração, assim que esses sons cessam de forma súbita, a pessoa acorda imediatamente; ou seja, as partes são reanimadas repentinamente e ele acorda. Isso é algo que experimentei várias vezes e ouvi o mesmo de pessoas observadoras. Da mesma forma, caso uma pessoa esteja caindo no sono em plena luz do dia, a escuridão repentina interromperá esse sono no momento em que for introduzida; silêncio e escuridão em si, se não forem introduzidos repentinamente, são muito favoráveis ao sono. Quando comecei a digerir essas observações, eu as entendia apenas por conjectura e por analogia aos sentidos; mas, desde então, passei a experimentá-las. Já experimentei muitas vezes, e o mesmo já aconteceu com milhares de outras pessoas, acordar violentamente assustado logo após ter caído no sono; o susto era geralmente precedido por uma espécie de sonho de queda em um precipício: qual, então, é a origem desse estranho movimento, senão do relaxamento súbito do corpo que, por algum mecanismo da natureza, restaura-se pelo esforço rápido e vigoroso do poder de contração dos músculos? Os próprios sonhos são causados por esse relaxamento; ele possui uma natureza muito uniforme para ser atribuída a qualquer outra causa. As partes também relaxam repentinamente, pois isso é a natureza da queda; esse acidente do corpo induz essa imagem à mente. Quando estamos em um bom estado de saúde e vigor e tendo em vista que todas as mudanças são, dessa forma, menos repentinas e menos extremadas, nós raramente reclamamos dessa sensação desagradável.

Seção XVIII – Os efeitos da obscuridade moderada

Apesar de os efeitos do negro serem dolorosos em sua origem, não podemos pensar que continuarão sendo sempre assim. O costume reconcilia-nos a todas as coisas. Depois de acostumarmos a ver objetos negros, o terror diminui e a suavidade (lisura), brilho ou algum acidente agradável dos corpos dessa cor suavizam em certo grau o horror e a severidade de sua natureza original; no entanto, a natureza da impressão original continua a existir. O negro terá sempre algo melancólico, porque os sentidos sempre considerarão muito violentas as mudanças de outras cores para ele; ou se ele ocupar todo o campo da visão, se transformará em escuridão; e será aplicável aqui tudo que foi dito sobre a escuridão. Não me proponho a discorrer sobre tudo o que poderia ser dito para ilustrar a teoria dos efeitos da luz e da escuridão; também não examinarei todos os diferentes efeitos produzidos pelas várias modificações e misturas dessas duas causas. Caso as observações precedentes possuam quaisquer fundamentos na natureza, eu as considero suficientes para dar conta de todos os fenômenos que possam surgir de todas as combinações do preto com as outras cores. Descrever todos as particularidades ou responder a todas as objeções seria um trabalho sem fim. Seguimos apenas os caminhos mais importantes e observaremos a mesma conduta em nossa investigação sobre a causa da beleza.

Seção XIX – A causa física do amor

Quando temos diante de nós objetos que incitam o amor e a complacência, o corpo é afetado, tanto quanto pude observar, da seguinte maneira. A cabeça reclina um pouco para o lado; as pálpebras ficam mais fechadas do que o habitual e os olhos rolam suavemente em direção ao objeto, a boca fica um pouco aberta e a respiração sai lentamente, com pequenos suspiros aqui e ali: o corpo inteiro se acalma e as mãos pendem soltas para os lados. Tudo isso é acompanhado por um sentimento interior de derretimento e langor. Essas aparências são sempre proporcionais ao grau de beleza do objeto e da sensibilidade do observador. E essa gradação – que vai desde os tons mais altos da beleza e da sensibilidade até a mais baixa mediocridade e indiferença e seus efeitos correspondentes – deve ser sempre lembrada para que a descrição anterior não pareça exagerada, algo que ela certamente não é. Mas, a partir dessa descrição, é quase impossível não concluir que a beleza atua por meio do relaxamento das partes sólidas de todo o organismo. Existem todas as aparências desse relaxamento; e esse relaxamento um pouco abaixo do tom natural parece-me ser a causa de todo prazer positivo. Quem não conhece a seguinte forma de expressão tão comum em todos os tempos e em todos os países: estar amolecido, relaxado, enervado, dissolvido, derretido pelo prazer? A voz universal da humanidade, fiel aos seus sentimentos, está em concordância ao afirmar esse efeito uniforme e geral; e, apesar de ser possível encontrar alguns exemplos estranhos e particulares em que se constata um grau considerável de prazer positivo sem todas as características do relaxamento, não devemos, portanto, rejeitar a conclusão da concordância retirada de nossos muitos experimentos, mas devemos mantê-la, aceitando as exceções possíveis de acordo com as regras criteriosas estabelecidas pelo Senhor Isaac Newton, no terceiro livro de sua *Ótica*[139]. Nossa posição, acredito, será confirmada além de qualquer dúvida razoável, se pudermos mostrar que todas as coisas consideradas por nós como constituintes genuínos de beleza têm, cada uma delas tomadas separadamente, uma tendência natural para relaxar as fibras. E, caso nos permitam dizer que a aparência do corpo humano, quando todos esses componentes estão unidos ante os sentidos, favorece ainda mais essa opinião, então poderemos nos aventurar, creio eu, a concluir que a paixão chamada amor é produzida por esse relaxamento. Pelo mesmo método de raciocínio que usamos na investigação sobre as causas do sublime, podemos também concluir que assim como um objeto belo apresentado aos sentidos produz a paixão do amor na mente ao causar o relaxamento do corpo, então, se por qualquer meio, a paixão surgir primeiramente na mente, a ela seguir-se-á o relaxamento dos órgãos externos em um grau proporcional à causa.

---

139. Referência errônea de Burke, pois não há qualquer regra no Livro III da *Ótica*. A regra está, na verdade, no Livro III do *Principia Mathematica* de Newton, Regra IV (adicionada na 3ª edição): "Na filosofia experimental, as conclusões extraídas dos fenômenos por meio da indução devem ser entendidas como exatas (ou muito próximas da verdade) não obstante quaisquer hipóteses contrárias; até que outro fenômeno as refutem por ser mais exato ou passível de exceções.". ("*In experimental philosophy, propositions gathered from phenomena by induction should be considered either exactly or very nearly true notwithstanding any contrary hypotheses, until yet other phenomena make such propositions either more exact or liable to exceptions.*")

Seção XX – Por que a suavidade é bela

Para explicar a verdadeira causa da beleza visual, eu convoco o auxílio dos outros sentidos. Se parece que a *suavidade* é uma das principais causas do prazer ao tato, ao paladar, ao olfato e à audição, podemos aceitar facilmente que ela também é constituinte da beleza visual; especialmente, conforme já demostramos, que essa qualidade é encontrada quase sem exceção em todos os objetos que são considerados belos por consentimento geral. Não há dúvida de que os corpos ásperos e angulosos provocam e pinicam os órgãos dos sentidos, causando uma sensação de dor, a qual consiste na tensão ou contração violenta das fibras musculares. Por outro lado, os objetos lisos relaxam; o carinho suave de uma mão macia alivia cólicas e dores violentas e relaxa a tensão natural das partes estressadas; e, dessa forma, possuem muitas vezes um bom efeito na eliminação de inchaços e obstruções. Os objetos suaves são extremamente gratificantes para o tato. Uma cama macia e bem arrumada, ou seja, onde a resistência é desprezível, é um grande luxo, eliminação de um relaxamento universal, conduzindo, além de qualquer outra coisa, àquela espécie de relaxamento conhecida como sono.

Seção XXI – Doçura, sua natureza

Não é só para o tato que os objetos suaves causam prazer positivo por meio do relaxamento. No olfato e no paladar, notamos que todas as coisas agradáveis a eles e que são comumente chamadas de doce possuem uma natureza suave; além disso, todos eles tendem a, comprovadamente, relaxar seus respectivos órgãos sensoriais. Vamos primeiro considerar o paladar. Tendo em vista ser mais fácil investigar a propriedade dos líquidos, e tendo em vista que todas as coisas parecem necessitar de um veículo fluido para serem provadas, prefiro fazer considerações sobre o líquido que sobre as partes sólidas de nossos alimentos. Os veículos de todos os gostos são a *água* e o *óleo*. O sabor é determinado por um pouco de sal, o qual afeta de várias maneiras, dependendo de sua natureza ou da forma de ser combinado com outras coisas. Água e óleo, considerados por si mesmos, são capazes de dar algum prazer ao paladar. A água, pura e simples, é insípida, inodora, incolor e suave; quando *não está gelada* ela cura espasmos e lubrifica as fibras; esse poder é por causa provavelmente de sua suavidade. Já que a fluidez depende, segundo a opinião mais geral, da completude, da suavidade e da fraca coesão dos componentes de quaisquer corpos e já que a água atua meramente como um fluido simples, segue-se que, da mesma forma, a causa da sua fluidez é a causa de sua qualidade relaxante, isto é, a suavidade e a textura escorregadia de suas partes. O outro veículo fluido dos gostos é o *óleo*. Esse também, quando simples, é insípido, inodoro, incolor e suave ao tato e ao paladar. Ele é mais suave que a água e, em muitos casos, ainda mais relaxante. O óleo, mesmo sendo insípido, é em certa medida agradável para os olhos, o toque e o gosto. Mas a água não é tão gratificante; e não sei sobre qual princípio dar conta dela, senão que a água não é tão macia e suave. Suponha que a esse óleo ou água seja adicionada uma determinada quantidade de um sal específico, cujo poder seria o de colocar as papilas nervosas da língua em um movimento vibratório suave; suponha também que dissolvemos açúcar neles. A suavidade do óleo e a energia vibratória do sal causam a sensação que chamamos de doçura. Em todos os corpos doces, o açúcar ou uma substância muito pouco diferente do açúcar, é normalmente encontrado; todas as espécies de sal examinadas pelo microscópio têm sua própria forma distinta, regular e invariável. O salitre é oblongo e pontiagudo; o sal marinho é um cubo exato; o açúcar é um globo perfeito. Se você já experimentou como a suavidade dos corpos globulares – como as bolinhas de gude com que os meninos se divertem – afetam o tato quando elas são lançadas para trás e para frente e umas sobre as outras, você entenderá facilmente como a doçura, que consiste em um sal de tal natureza, afeta o paladar; pois um único globo (embora um tanto agradável ao tato), por causa da regularidade de sua forma e por suas partes desviarem-se da linha reta de modo um pouco súbito, não chega a ser tão agradável ao tato como vários globos em que a mão pode suavemente se elevar em um deles e abaixar-se em outro; e este prazer é muito maior se os globos estiverem em movimento, deslizando uns sobre os outros, pois essa variedade suave impede o surgimento do cansaço que a disposição uniforme desses vários globos produziriam. Assim, nas bebidas alcoólicas doces, as partes do veículo fluido, embora provavelmente sejam arredondadas, ainda assim são partes tão pequenas que conseguem esconder a forma de seus componentes da mais precisa investigação com o microscópio e, consequentemente, por serem tão excessivamente pequenas, têm uma espécie de simplicidade plana ao paladar, assemelhando-se os efeitos dos corpos planos e suaves ao tato; pois se um corpo for composto por partes arredondadas, excessivamente pequenas e agrupadas de forma contígua, então, para o tato e para a visão, a superfície parecerá quase lisa e suave. É evidente que, ao desvelarem suas formas no microscópio, as partículas de açúcar são consideravelmente maiores do que as da água ou do óleo e, consequentemente, os efeitos de seu arredondamento serão mais distintos e palpáveis para as papilas nervosas para aquele órgão mais delicado: a língua; assim, induzirão a sensação conhecida por doçura, que, de forma fraca, encontramos no óleo e, de maneira mais fraca ainda, na água; pois, mesmo sendo insípidos, a água e o óleo são, de certo modo, doces; além disso, é possível observar que todos os tipos de coisas insípidas aproximam-se mais da natureza da doçura do que de qualquer outro sabor.

Seção XXII – A doçura é relaxante

Observamos que as coisas suaves, ou lisas, são relaxantes para os outros sentidos. Agora, parece que coisas doces, que são a suavidade para o paladar, também são relaxantes. É notável que, em algumas línguas, há apenas um substantivo para "suave" e "doce". *Doux*, em francês, significa suave e doce. O latim *Dulcis* e o italiano *Dolce* têm, em muitos casos, a mesma dupla significação. É evidente que as coisas doces são geralmente relaxantes, pois todas elas, especialmente aquelas que são mais oleosas, se ingeridas com frequência ou em grandes quantidades, debilitam bastante a força do estômago. Os cheiros doces, que apresentam uma grande afinidade aos gostos doces, relaxam de maneira bastante notável. O cheiro das flores predispõe as pessoas à sonolência; e esse efeito relaxante é ainda mais evidente na aversão que as pessoas de nervos frágeis sentem ao utilizá-las. Vale a pena examinar se os gostos desse tipo, os doces, os sabores que são causados por sais relaxantes e óleos suaves, seriam os gostos originalmente agradáveis. Pois, muitos cujo costume tornou agradável não o eram desde o início. Para examinarmos isso, devemos analisar o que foi primordialmente fornecido a nós pela natureza e que, sem dúvida, foi originalmente criado agradável; e, então, analisar esta disposição. *O Leite* é o primeiro alimento de nossa infância. Suas partes componentes são água, óleo e um tipo de um sal muito doce chamado de açúcar do leite. Quando misturados, todos esses são bastante *suaves* para o paladar e têm uma qualidade relaxante para a pele. O segundo alimento cobiçado pelas crianças são as *frutas*; e, dentre as frutas, principalmente as doces; e, conforme é conhecido por todos, a doçura da fruta é causada por um óleo sutil e aquele tipo de sal mencionado na última seção. Após, o costume, o hábito, o desejo de novidade e mil outras causas confundem, adulteram e alteram nosso paladar e, dessa forma, não conseguimos mais raciocinar satisfatoriamente sobre ele. Antes de deixarmos este assunto, devemos observar o seguinte: se, por um lado, as coisas suaves são, por si mesmas, agradáveis ao paladar e possuem uma qualidade relaxante, então, por outro, as coisas que, a partir da experiência, notamos possuírem uma qualidade fortalecedora e serem aptas a reforçar as fibras, são quase universalmente rugosas e acres ao paladar e, em muitos casos, são rugosas até mesmo ao tato. Muitas vezes, utilizamos a qualidade da doçura, metaforicamente, aos objetos visuais. Com objetivo de darmos continuidade à notável analogia entre os sentidos, poderemos aqui chamar a doçura de o belo do paladar.

Seção XXIII – Por que a variação é bela

Outra propriedade principal dos objetos belos é que a linha de suas partes varia sua direção de forma contínua, mas a variação ocorre por meio de curvas imperceptíveis, não rapidamente a ponto de causar surpresa, ou de maneira angulosa que possam causar quaisquer espasmos ou convulsões do nervo ótico. Nada que permaneça prolongado e continuamente igual, nada que possua variações repentinas é belo, pois ambos se opõem ao relaxamento agradável, que é o efeito característico da beleza. É assim para todos os sentidos. O movimento em uma linha reta é a forma de movimento que se aproxima de um declive muito suave, no qual encontramos a menor resistência; no entanto, não é essa maneira de mover-se semelhante a um declive que causa o menor cansaço. O repouso, certamente, tende a relaxar; entretanto, há uma espécie de movimento que relaxa mais do que o repouso, a saber, um suave movimento oscilatório de elevação e queda. O balanço, e não o repouso absoluto, faz as crianças dormirem; de fato, naquela idade não há nada que dê mais prazer do que ser levantado de modo suave e posto novamente no chão; o tipo de brincadeira que as babás costumam oferecer às crianças e, posteriormente, o uso de equilíbrio e balanço usados por conta própria como um divertimento favorito, são provas suficientes disso. A maioria das pessoas deve ter observado o tipo de sensação que experimentam ao serem conduzidas velozmente em uma carruagem por um terreno liso com subidas e declives graduais. Isso dará uma melhor ideia da beleza e nos apontará sua causa provável melhor do que quase qualquer outra coisa. Mas, quando, pelo contrário, a corrida é feita sobre uma estrada áspera, rochosa e esburacada, a dor sentida por essas desigualdades súbitas mostra porque os mesmos tipos de imagens, toques e sons são tão contrários à beleza; e no que diz respeito ao tato o efeito é exatamente o mesmo, ou quase o mesmo, se, por exemplo, eu movimentar minha mão ao longo da superfície de um corpo com estas características, ou esse mesmo corpo for movimentado em minha mão. Façamos a mesma analogia para o caso da visão: se um corpo apresentado para o sentido da visão possuir uma superfície ondulada de modo a que os raios de luz refletidos dele estejam em um desvio contínuo e imperceptível, indo do mais forte para o mais fraco (que é sempre o caso em uma superfície gradualmente desigual), isso causará exatamente o mesmo efeito sobre a visão e sobre o tato, operando diretamente sobre um e indiretamente sobre o outro. Esse corpo será belo se as linhas que compõem sua superfície não forem nem contínuas, nem tão variadas a ponto de causarem cansaço ou a perda da atenção. A própria variação deve ser continuamente variada.

Seção XXIV – Sobre a pequenez

Para evitar a monotonia da repetição frequente dos mesmos raciocínios e das ilustrações de mesma natureza, não discursarei de forma detalhada sobre todos os aspectos da beleza que tenham como base o ordenamento de sua quantidade, ou a sua quantidade em si. Falar sobre a magnitude dos corpos carrega grandes incertezas, porque as ideias de grande e de pequeno são termos quase inteiramente relativos às espécies de objetos, as quais são infinitas. É verdade que, tendo estabelecido a espécie de objeto e as dimensões comuns dos indivíduos dessa espécie, podemos observar alguns que excedem e outros que ficam aquém do padrão comum: aqueles que excedem muito são, pelo próprio excesso e desde que a espécie em si não seja muito pequena, mais grandiosos e terríveis do que belos; mas como no mundo animal – e em uma boa medida também no mundo vegetal – as qualidades que constituem a beleza têm a possibilidade de pertencerem a coisas de maiores dimensões e, quando estão unidas dessa maneira, elas constituem uma espécie um tanto diferente do sublime e do belo, algo que chamei anteriormente de *Primoroso*. Mas esse tipo, imagino, não possui sobre as paixões tanto poder quanto os corpos vastos, os quais são dotados das qualidades correspondentes do sublime, ou quanto os objetos pequenos, dotados das qualidades da beleza. O sentimento produzido por grandes corpos adornados com os despojos da beleza é uma tensão continuamente atenuada que se aproxima da natureza da mediocridade. Mas se for preciso dizer como sou afetado em tais ocasiões, devo dizer que o sublime sofre menos ao unir-se a algumas qualidades da beleza, do que a beleza ao se unir ao excesso de quantidade, ou a quaisquer outras propriedades do sublime. Há algo tão controlador em tudo o que inspira uma intimidação reverente em nós, em todas as coisas que pertencem, mesmo que remotamente, ao terror, que nada mais consegue estar em sua presença. As qualidades da beleza ali permanecem mortas e sem nenhuma função; ou, no máximo, esforçam-se para acalmar o rigor e a severidade do terror, o qual é o sentimento concomitante e natural da grandiosidade. Além do extraordinariamente grande de todas as espécies, devemos considerar seu oposto, isto é, o nanico e o diminuto. A pequenez, apenas como tal, não possui nada contrário à ideia de beleza. O beija-flor, tanto em sua forma quanto em suas cores, não é superado por nenhum outro de sua espécie alada, da qual ele é o menor. Mas existem animais que, quando são extremamente pequenos, raramente (ou nunca) são belos. Há um tamanho nanico de homens e mulheres que, normalmente, são tão pesados e maciços em comparação a sua altura, a ponto de formarem uma imagem muito desagradável a nós. Mas, se encontrarmos um homem que não passe dos dois ou três pés (60 ou 90 cm) de altura, se todas as partes do corpo dessa pessoa possuírem a delicadeza adequada para tal tamanho e se, por outro lado, seu corpo for dotado das qualidades comuns a outros corpos belos, estou bem convencido de que uma pessoa de tal estatura poderá ser considerada igualmente bela, poderá ser objeto de amor e poderá nos oferecer ideias bastante agradáveis ao a avistarmos. A única coisa que talvez pudesse ser um obstáculo ao nosso prazer é que tais criaturas, independentemente de suas formas, são incomuns e, por esse motivo, costumam ser consideradas algo monstruoso. O grande e o gigantesco, embora muito compatíveis com o sublime, são contrários à beleza. É impossível imaginar um gigante como objeto de amor. Quando deixamos nossa imaginação solta nos romances, as ideias que naturalmente associamos a tal tamanho são aquelas de tirania, crueldade, injustiça e todas as coisas horríveis e abomináveis. Imaginamos o gigante assolando o país, saqueando o viajante inocente e, depois, empanturrando-se com sua carne semiviva: estes são Polifemo, Caco[140] e outros que nos oferecem personagens tão grandiosos nos romances e em poemas heroicos. Nossa maior satisfação é o momento em que eles são derrotados e mortos. Não me lembro de nenhuma passagem da *Ilíada*, com sua multidão de mortes, em que a queda de algum homem notável por sua grande estatura e força nos toca com piedade; nem parece que o autor, tão conhecedor da natureza humana,

---

140. Polifemo é um ciclope, filho de Posseidon, que aparece na *Odisseia*, canto IX. Caco é filho de Vulcano, personagem da *Eneida*, canto VIII.

tenha pretendido algo semelhante. Simoísio[141], arrancado de seus pais no alvorecer da juventude, é quem treme por uma coragem tão mal adaptada à sua força; outro que nos derrete por seu destino prematuro é aquele jovem[142] justo e novato nos campos que, por causa da guerra, é afastado dos abraços de sua noiva. Aquiles nunca poderia fazer com que nós o amássemos, mesmo que Homero o tenha dotado das muitas qualidades da beleza em sua forma exterior e tenha adornado sua mente com várias virtudes grandiosas. Pode-se observar que Homero atribuiu aos troianos, cujo destino foi projetado para incitar a nossa compaixão, infinitamente mais virtudes sociais amáveis do que aos gregos. No que diz respeito aos troianos, Homero resolveu elevar a paixão da pena por meio deles; a pena é uma paixão fundada no amor e essas virtudes *menores*, e se me permitem dizer, domésticas, certamente, são as mais amáveis. Mas ele deu aos gregos, que eram política e militarmente superiores, virtudes políticas e militares. Os conselhos de Príamo são fracos; as armas de Heitor são comparativamente frágeis e sua coragem muito inferior à de Aquiles. Ainda assim, amamos Príamo mais do que Agamêmnon e Heitor mais que Aquiles[143], seu conquistador. A admiração é a paixão que Homero quis incitar a favor dos gregos, e ele o fez ao outorgar-lhes virtudes que têm pouquíssima ligação com o amor. Essa breve digressão talvez não esteja inteiramente fora de nosso propósito, pois nosso objetivo é mostrar que os objetos de grandes dimensões são incompatíveis com a beleza e quanto maiores forem, mais conflitantes serão, enquanto os pequenos, se não possuem beleza, essa falha não pode ser atribuída ao seu tamanho.

Seção XXV – A cor

No que diz respeito à cor, um texto sobre ela seria quase infinito; mas acredito que os princípios estabelecidos no início desta parte são suficientes para explicar os efeitos de todas elas, bem como explicar os efeitos agradáveis de corpos transparentes, sejam líquidos ou sólidos. Suponha que eu olhe para uma garrafa com uma bebida alcoólica turva, azul ou vermelha: os raios azuis ou vermelhos não conseguem atingir os olhos de forma clara,

---

141. *Ilíada*, IV.
142. Ifidamas que foi morto por Agamêmnon na *Ilíada*, XI, 221-231.
143. Príamo era o rei de Troia durante a guerra; Heitor, filho de Príamo e general do exército de Troia; Aquiles, herói grego que matou Heitor e Agamêmnon, era o general grego durante a guerra de Troia.

mas de modo desigual e repentino pela intervenção de pequenos corpos opacos, os quais, sem aviso, mudam a ideia e a alteram também para algo desagradável em sua própria natureza, conforme os princípios estabelecidos na Seção XXIV. Mas quando o raio passa sem tal oposição através do vidro ou da bebida, quando o vidro ou a bebida são bastante transparentes, a luz é suavizada nessa passagem, algo que a torna mais agradável, até mesmo como luz; e a bebida, que reflete *uniformemente* todos os raios de sua cor apropriada, causa no olho o mesmo efeito que corpos suaves e opacos causam para a visão e para o tato. Dessa forma, o prazer aqui é composto pela suavidade daquilo que é transmitido e pela uniformidade da luz refletida. Esse prazer pode ser aumentado pelos princípios comuns a outras coisas, se a forma do vidro que contém a bebida transparente for tão criteriosamente variada a ponto de apresentar a cor de modo gradual e alternadamente enfraquecida e reforçada com toda a variedade que os juízos em assuntos desta natureza possam sugerir. Revisando tudo que foi dito sobre os efeitos, bem como sobre as causas do sublime e da beleza, notaremos que ambos estão construídos sobre princípios muito diferentes e que seus sentimentos são igualmente distintos: o grandioso tem o terror por base, que, quando é modificado, causa aquela emoção na mente que eu tenho chamado de assombro; a beleza funda-se no mero prazer positivo e incita na alma o sentimento que se chama amor. Suas causas foram o assunto desta quarta parte.

Parte V

Seção I – As palavras

Os objetos naturais nos afetam por meio daquelas leis estabelecidas pela Providência que conectam certos movimentos e configurações dos corpos com determinados sentimentos consequentes em nossas mentes. A pintura afeta da mesma forma, mas com o acréscimo do prazer da imitação. A arquitetura nos afeta pelas leis naturais e pela lei da razão; desta última resultam as regras da proporção, as quais dizem se uma obra deve ser elogiada ou censurada, no todo ou em parte, e se o fim para o qual foram concebidas foi atingido apropriadamente ou não. Mas quanto a palavras, elas parecem nos afetar de maneira muito diferente daquela que somos afetados pelos objetos naturais, ou pela pintura ou arquitetura; ainda assim, as palavras participam de forma tão importante quanto qualquer um deles nas ideias que incitam a beleza e o sublime e, às vezes, afetam mais; por conseguinte, em um texto como o nosso, torna-se bastante necessário fazermos uma investigação sobre o modo que elas incitam as emoções.

Seção II – O efeito comum da poesia, não por incitar as ideias de coisas

De acordo com a noção comum acerca do poder da poesia e da eloquência, bem como das palavras na conversação comum, a mente é afetada porque as palavras incitam nela as ideias de coisas cujos nomes foram designados a elas pelo costume. Para examinar a verdade desta noção, pode ser necessário observar que as palavras podem ser divididas em três tipos. O primeiro corresponde àquelas que representam muitas ideias simples *unidas pela natureza* para formar algumas composições determinadas, como homem, cavalo, árvore, castelo etc. Chamo esse tipo de *palavras agregadas*. O segundo são aquelas que indicam apenas uma ideia simples de tais conjuntos; por exemplo, vermelho, azul, redondo, quadrado e palavras similares. Chamo essas de palavras *abstratas simples*. O terceiro tipo compreende aquelas que são formadas por uma união, uma união *arbitrária* dos dois outros tipos e das várias relações entre eles, em maiores ou menores graus de complexidade, como virtude, honra, persuasão, magistrado e afins. A essas dou o nome de palavras *abstratas compostas*. Sei que as palavras podem ser classificadas de formas mais curiosas, mas a classificação oferecida parece ser natural e suficiente para o nosso propósito; além disso, essa é a ordem em que são normalmente ensinadas e na qual a mente compreende as ideias que tais palavras representam. Começarei com o terceiro tipo de palavra, as abstratas compostas, tais como virtude, honra, persuasão e docilidade. Estou convencido de que qualquer poder que essas palavras tenham sobre as paixões, elas não o tomam de qualquer representação gerada na mente pelas coisas a que correspondem. Por serem compostas, elas não são essências reais e dificilmente causam, acredito, alguma ideia real. Acredito que ninguém, imediatamente após ouvir os sons das palavras virtude, liberdade ou honra, conceba qualquer noção exata – assim como nas ideias mistas e simples – dos modos específicos de ação e pensamento, bem como das várias relações significadas por essas palavras; também acredito que ninguém teria delas uma ideia geral, composta por elas, pois se tivesse, então algumas daquelas palavras particulares, mesmo que de forma indistinta e confusa, seriam rapidamente percebidas. Mas esse, presumo, raramente ocorre. Pois, tente analisar uma dessas palavras e você terá de tomar um conjunto de palavras gerais e reduzi-lo a outro e, em seguida, a palavras abstratas simples e agregadas, em uma série muito mais longa do que inicialmente imaginada e antes de qualquer ideia real poder vir à luz, antes de você conseguir descobrir qualquer coisa que se assemelhe aos primeiros princípios de tais composições; e, assim que descobrir as ideias originais, o efeito da composição já foi totalmente perdido. Uma cadeia de pensamentos desse tipo é muito longa para ser mantida nas formas comuns de conversação, nem é necessário que deve ser feita. Tais palavras são, na realidade, meros sons; mas esses sons – ao serem utilizados em ocasiões específicas em que podemos ser beneficiados ou sofrer algum mal, ou ver que outros são afetados pelo bem ou pelo mal, ou quando os ouvimos aplicados a outras coisas interessantes ou eventos e ao serem aplicados em uma variedade de casos que sabemos prontamente, pelo costume, a que coisas pertencem – produzem na mente, sempre depois de serem mencionados, efeitos semelhantes aos de suas ocasiões. Os sons, sendo muitas vezes usados sem referência a qualquer ocasião especial, e carregando ainda suas primeiras impressões, perdem totalmente, enfim, sua conexão com as ocasiões especiais que deram origem a eles; ainda assim, o som sem qualquer noção ligada a ele continua a funcionar como antes.

Seção III – Palavras gerais antes das ideias

O Senhor Locke[144] observou com sua sagacidade costumeira que as palavras mais gerais, aquelas que pertencem à virtude e ao vício e, especialmente, ao bem e ao mal, são ensinadas antes dos modos específicos de ação aos quais elas pertencem e são apresentadas para a mente; e com elas, o amor por uma e a aversão pela outra, pois as mentes das crianças são tão flexíveis, que uma babá, ou qualquer pessoa próxima, ao parecerem satisfeitas ou insatisfeitas com qualquer coisa, ou mesmo por qualquer palavra, podem transformar a disposição da criança para uma atitude similar. Quando, mais tarde, as várias ocorrências da vida são aplicadas a essas palavras e o que é agradável, muitas vezes, surge sob o nome de mal e o que é desagradável por sua natureza é chamado de bom e virtuoso, então uma estranha confusão de ideias e afetos surge nas mentes de muitos, bem como uma aparência de uma contradição nada pequena entre suas noções e suas ações. Há muitas pessoas que amam a virtude e que detestam o vício sem hipocrisia ou afetação, mas que, não obstante, costumam, em certas particularidades, agir de forma má e perversa sem o menor remorso, pois essas ocasiões particulares nunca foram levadas em consideração quando as paixões da virtude foram tão calorosamente afetadas por certas palavras originalmente aquecidas pela respiração dos outros; e por essa razão, é difícil repetirmos determinados conjuntos de palavras – mesmo que sejam inócuas quando consideradas por si mesmas – sem sermos afetados de alguma forma, especialmente se forem acompanhadas por um tom de voz amigável e afetuoso; por exemplo:

Sábio, valente, generoso, bom e grandioso.

Essas palavras, por não terem nenhuma aplicação, deveriam ser inócuas; mas quando usamos palavras que costumam ser sagradas para as grandes ocasiões, somos afetados por elas mesmo fora dessas ocasiões. Quando as palavras que são normalmente assim aplicadas são colocadas juntas, sem qualquer ponto de vista racional, ou de tal maneira que elas não concordam

---

144. LOCKE, John. *Ensaio*, III, v. 15 e III, IX, 9.

de forma correta umas com as outras, o estilo é chamado de grandiloquente. E, em vários casos, é preciso muito bom senso e experiência para nos protegermos contra a força de tal linguagem; pois, quando o decoro é negligenciado, surge a possibilidade de se aceitar um maior número dessas palavras que causam emoções e conceder-lhes grande variedade de suas combinações.

Seção IV – Efeito das palavras

Em sua extensão máxima possível de poder, as palavras geram três efeitos na mente do ouvinte. O primeiro é o *som*; o segundo, a *imagem* ou representação da coisa significada pelo som; o terceiro, o *estado* da alma, produzido por um dos anteriores ou por ambos. As *palavras abstratas compostas*, de que estamos falando (honra, justiça, liberdade e afins), produzem o primeiro e o último desses efeitos, mas não o segundo. As *abstratas simples* são usadas para significar uma ideia simples, sem dar muita atenção para os outros que podem eventualmente auxiliá-las, por exemplo, azul, verde, quente, frio e afins; estas são capazes de ter todos os três efeitos dos objetivos das palavras; o mesmo vale para as palavras *agregadas*, tais como homem, castelo, cavalo etc. que estão em um grau ainda maior. Mas, acredito que o efeito mais geral dessas palavras não tem origem em alguma capacidade que elas tenham para formar imagens das várias coisas que representam na imaginação, pois, em um exame diligente de minha própria mente – e fazendo que os outros examinem as deles – não percebo, nem mesmo uma vez a cada 20, a formação dessas imagens e quando ela é formada, isso costuma ocorrer por meio de um esforço especial da imaginação para tal propósito. Porém, as palavras agregadas operam conforme o que já foi dito das palavras abstratas compostas, não pela apresentação de quaisquer imagens para a mente, mas por terem, a partir do costume, o mesmo efeito, quando são mencionadas, que tem o objeto original quando é visto. Leiamos uma passagem que exemplifica o que foi dito:

> O rio Danúbio nasce em um solo úmido e montanhoso, no coração da Alemanha, ali ele serpenteia para frente e para trás, banhando vários principados até chegar à Áustria; deixando os muros de Viena, ele chega à Hungria; lá, com sua vazão aumentada sobremaneira pelos rios Sava e Drava, ele deixa o mundo cristão e, após ondular pelos países bárbaros que fazem fronteira com a Tartária, ele adentra o Mar Negro por muitas bocas.

Nessa descrição, muitas coisas são mencionadas, a saber, montanhas, rios, cidades, o mar etc. Mas pergunte a alguém se em sua imaginação estão impressas as imagens de um rio, da montanha, do solo aguado, da Alemanha etc.

Na verdade, por causa da celeridade e rápida sucessão de palavras na conversação, é impossível formarmos as ideias de ambos, tanto do som da palavra quanto da coisa representada. Além disso, algumas palavras que expressam as reais essências estão tão misturadas com outras palavras de importância geral e nominal, que é impraticável saltarmos dos sentidos para o pensamento, de instâncias particulares para as gerais, das coisas para as palavras de forma a atender aos propósitos da vida, nem deveríamos fazer isso.

Seção V – Exemplos de que as palavras podem afetar sem construir imagens

É muito difícil convencer os outros de que suas paixões são afetadas pelas palavras que não dão origem a qualquer ideia; e ainda mais difícil é convencê-los de que, no decurso da conversa, já somos entendidos de forma suficiente sem que precisemos dar origem a quaisquer imagens das coisas que falamos. A questão do saber se seu interlocutor possui ideias na cabeça ou não, parece-me um assunto estranho para ser discutido com alguém. À primeira vista, todo homem deveria fazer um julgamento final sobre esse tópico em seu próprio foro íntimo. Mas, mesmo que possa parecer estranho, normalmente não conseguimos saber quais ideias temos sobre as coisas ou mesmo saber se temos, em absoluto, alguma ideia sobre certos assuntos. O tema ainda requer uma boa dose de atenção para ser completamente satisfeito. Depois de ter escrito este texto, encontrei dois exemplos muito marcantes sobre a possibilidade de um homem poder ouvir palavras sem ter qualquer ideia do que elas representam e, além disso, ser capaz de entregá-las a outras pessoas, combinadas de uma nova maneira e com grande propriedade, energia e instrução. O primeiro exemplo vem do Sr. Blacklock[145], um poeta cego desde o seu nascimento. Poucos homens, abençoados com a visão mais perfeita, conseguem descrever os objetos visuais com mais espírito e justeza do que esse homem cego; algo que não pode ser atribuído a sua concepção mais clara do que é comum a outras pessoas sobre as coisas que descreve. Spence, em um elegante prefácio escrito para as obras desse poeta, oferece uma razão muito engenhosa e, imagino, em sua maior parte muito justa sobre a causa desse fenômeno extraordinário; mas não concordo inteiramente com a razão dada – ele diz que algumas impropriedades na linguagem e do pensamento que ocorrem nesses poemas têm origem na

---

145. Thomas Blacklock, (1721-1791), poeta escocês. Cego desde os seis meses de idade por complicações da varíola.

concepção imperfeita que o poeta cego possui dos objetos visuais –, pois irregularidades como essas e outras muito maiores são encontradas em escritores até mesmo das classes mais altas do que o Sr. Blacklock e que, não obstante, possuem uma perfeita faculdade da visão. Aqui está um poeta, sem dúvida, tão atingido por suas próprias descrições quanto qualquer um que o leia poderia estar; e, ainda assim, ele foi atingido por um forte entusiasmo pelas coisas das quais ele não tinha nem podia ter qualquer ideia, senão a de um som cru; e por que aqueles que leem suas obras não poderiam ser atingidos da mesma forma que ele com o mínimo de ideia real das coisas descritas? O segundo exemplo é o do Sr. Saunderson[146], um professor de matemática na Universidade de Cambridge. Esse homem erudito adquiriu um grande conhecimento em filosofia natural, em astronomia e em todas as ciências cuja habilidade matemática é necessária. O mais extraordinário, e mais ainda para meus objetivos, é que ele dava excelentes palestras sobre luz e cores; esse homem ensinou outros a teoria daquelas ideias que eles possuíam, mas que ele próprio, sem dúvida, não detinha. Mas é provável que as palavras vermelho, azul, verde respondiam a ele da mesma forma que as próprias ideias das cores, pois, tendo aplicado as ideias de maiores ou menores graus de refratabilidade a essas palavras e tendo esse homem cego sido instruído sobre os outros aspectos em que elas concordavam ou não, foi muito fácil para ele raciocinar sobre as palavras, como se dominasse completamente aquelas ideias. De fato, deve ser reconhecido que ele não seria capaz de fazer novas descobertas por meio de experimentos. Tudo que ele fez foi somente aquilo que fazemos todos os dias em nosso discurso comum. Quando escrevi esta última sentença e usei as frases *todos os dias* e *discurso comum*, não compus nenhuma imagem em minha mente de qualquer sucessão de tempo, nem de homens em conferência; também imagino que o leitor não criou ideias ao lê-las. Quando falei de vermelho, azul e verde, bem como de refratabilidade, também não tinha essas várias cores – ou os raios de luz passando por um meio diferente e, de lá, desviados de seu curso – pintadas em minha frente na forma de imagens. Sei muito bem que a mente possui a faculdade de criar tais imagens a seu bel-prazer, mas é preciso um ato da vontade para que isso ocorra; no entanto, nas conversas e leituras comuns a incitação de imagens na mente ocorre apenas de modo raro. Se eu disser: "Vou para a Itália no próximo verão", serei bem compreendido. Ainda assim, acredito que ninguém tenha, a partir dessa frase, pintado em

---

146. Dr. Nicholas Saunderson (1682-1739), cego desde pequeno por complicações da varíola, estudou matemática, tornando-se professor em 1711.

sua imaginação a figura exata do falante passando por terra, por água ou por ambos; às vezes a cavalo, às vezes em uma carruagem com todos os dados específicos da viagem. Forma menos ainda qualquer ideia sobre a Itália, o país ao qual me propus a ir; ou do verdejar dos campos, do amadurecimento dos frutos e do calor do ar que ocorre com a mudança para uma nova estação, ideias que são substituídas pela palavra *verão*; mas, dentre todas as palavras, a que ele não formará qualquer imagem é o vocábulo *próximo*, pois esse termo indica a ideia de muitos verões, com exclusão de todos, menos um; e, certamente, o homem que diz *próximo verão* não possui quaisquer imagens sobre tal sucessão e tal exclusão. Em suma, conversamos sem que qualquer ideia incite a imaginação, não apenas as ideias que são comumente chamadas de abstratas e das quais não se *pode* formar qualquer imagem, mas também de seres reais específicos; algo que certamente surgirá após um diligente exame de nossas próprias mentes. Na verdade, a poesia depende tão pouco do poder de criar imagens sensíveis para produzir seu efeito, que estou convencido de que ela perderia uma parte considerável de sua energia se esse fosse o resultado necessário de todas as descrições. Porque aquela reunião de palavras que causam emoções, que é o mais poderoso de todos os instrumentos poéticos, perderia sua força com muita frequência, juntamente com sua propriedade e consistência, se as imagens sensíveis fossem sempre incitadas. Talvez não haja em toda a *Eneida* uma passagem mais grandiosa e bem trabalhada que a descrição da caverna de Vulcano no Etna e sobre as obras que lá são executadas. Virgílio preocupa-se especialmente com a construção do trovão, o qual é descrito ainda inacabado sob os martelos dos Ciclopes. Mas quais são os princípios dessa extraordinária composição?

> *Tres imbris torti radios, tres nubis aquosæ*
> *Addiderant; rutili tres ignis et alitis austri;*
> *Fulgores nunc terrificos, sonitumque, metumque*
> *Miscebant operi, flammisque sequacibus iras.*[147]

> [Acrescentaram três torrentes de chuvas sinuosas, três de nuvens de chuva
> e três de fogo avermelhado e do alado vento austral;
> agora misturavam fulgores terríveis à obra; som, medo
> e fúria; e, na sequência, chamas.]

Isso me parece admiravelmente sublime, mas se observarmos friamente o tipo de imagem sensível que seria construído por essa combinação de ideias, as quimeras dos loucos seriam bem menos selvagens e absurdas do que esse quadro. *Acrescentaram "três torrentes" de chuvas sinuosas, três de nuvens de*

---

147. *Eneida*, VIII, 429-432.

chuva e três de fogo e três do alado vento austral; agora misturavam fulgores terríveis à obra; som, medo e fúria; e, então, misturaram ao trabalho relâmpagos terríveis e "som, e medo, e fúria, com chamas na sequência". Essa estranha composição é formada a partir de um corpo grosseiro; ele é martelado pelo Ciclope e está parcialmente polido e, em parte, continua áspero. Na verdade, se a poesia nos oferece uma nobre reunião de palavras correspondentes a muitas ideias nobres, as quais estão ligadas por circunstâncias de tempo ou de lugar, ou relacionadas umas às outras como causa e efeito, ou associadas de maneira natural, elas podem ser moldadas na forma que desejarmos e atendem perfeitamente a suas finalidades. A conexão pitoresca não é necessária, pois nenhuma imagem real é formada e o efeito da descrição também não fica diminuído por esse motivo. A maioria das pessoas acredita que aquilo que Príamo e os anciãos do conselho dizem serve para nos dar a ideia mais elevada possível da beleza de Helena.

> οὐ νέμεσις Τρῶας καὶ ἐϋκνήμιδας Ἀχαιοὺς
> τοιῇδ' ἀμφὶ γυναικὶ πολὺν χρόνον ἄλγεα πάσχειν·
> αἰνῶς ἀθανάτῃσι θεῇς εἰς ὦπα ἔοικεν:[148]
>
> [Não é de admirar-se que, por tal mulher, troianos e os aqueus
> bem equipados com suas tornozeleiras tenham lutado por tanto tempo,
> já que os deuses a observam com fascinação.]

> *They cry'd, no wonder such celestial charms*
> *For nine long years have set the world in arms;*
> *What winning graces! what majestic mien!*
> *She moves a goddess, and she looks a queen.*[149]
>
> [Certamente sofreram por aqueles encantos celestiais
> que por nove longos anos fizeram o mundo armar-se;
> quanta dignidade! Que majestosa aparência!
> Ela caminha como deusa, tem a aparência de uma rainha.]

Aqui, nem uma palavra é dita sobre as particularidades de sua beleza, nada que possa ao menos nos ajudar a formar qualquer ideia precisa sobre ela; mas, ainda assim, somos muito mais tocados por essa maneira de mencioná-la que por aquelas longas e trabalhosas descrições de Helena, transmitidas pela tradição ou construídas pela fantasia, que encontramos em alguns autores. Tenho certeza de que isso me afeta muito mais do que a descrição minuciosa que Spenser deu a Belphebe[150]; apesar disso, devo reconhecer que

---

148. *Ilíada*, III, 156-158.
149. *Ilíada*. Tradução para o inglês de Alexander Pope, v. 205-208.
150. Em *Faerie Queene*, II, III, 21-31.

certos trechos de sua descrição são extremamente primorosos e poéticos, pois assim são todas as descrições desse excelente autor. A imagem terrível que Lucrécio fez da religião, a fim de exibir a magnanimidade de seu herói filosófico que se opõe a ela, é vista como ousada e vigorosa.

> *Humana ante oculos fœdè cum vita jaceret,*
> *In terris, oppressa gravi sub religione,*
> *Quæ caput e cæli regionibus ostendebat*
> *Horribili desuper visu mortalibus instans;*
> *Primus Graius homo mortales tollere contra*
> *Est oculos ausus.*[151]

[Enquanto a vida humana estava, ante todos os olhos,
pesadamente esmagada no chão sob o peso da religião,
que mostrava seu chefe nas regiões dos céus,
molestando os mortais com terríveis visões celestes,
Graio foi o primeiro a levantar
seus olhos mortais e opor-se.]

Que ideia você deriva desse quadro tão excelente? Quase certamente, nenhuma; o poeta não disse uma única palavra que possa ao menos servir para marcar um único membro ou característica do fantasma, o qual quis representar com todos os horrores concebíveis pela imaginação. Na realidade, a retórica e a poesia não se destacam bem pela construção de descrições exatas quanto a pintura; a função delas é causar emoções mais pela simpatia do que pela imitação e apresentar mais o efeito das coisas na mente do falante, ou dos outros, do que apresentar uma ideia clara sobre as próprias coisas. Essa é a sua província mais extensa e onde elas mais se destacam.

Seção VI – Poesia não é estritamente uma arte imitativa

Portanto, observamos que a poesia, tomada em seu sentido mais geral, não pode ser apropriadamente chamada de uma arte imitativa. Ela será, de fato, uma imitação, sempre que conseguir descrever as maneiras e as paixões dos homens que podem ser expressas por palavras. Ela somente será estritamente imitativa quando *animi motus effert interprete lingua*[152] (descreve as

---

151. LUCRÉCIO. *De Rerum Natura*, I, 62-67. O verso 65 deveria ser *"horribili super aspectu mortalibus instans"*. O último verso deveria ser: *"est oculos ausus primusque obsistere contra"*.
152. HORÁCIO. *Ars Poetica*, III: citação correta "Post effert animi motus interprete língua". (E então com a língua como intérprete, [a natureza] declara as emoções da alma; ou, a natureza utiliza a linguagem para traduzir as emoções do espírito.)

emoções da alma por meio da linguagem); assim, toda poesia meramente *dramática* é desse tipo. Mas a poesia *descritiva* funciona principalmente por meio da *substituição*; por intermédio de sons, que, pelo costume, tem o efeito de realidades. Nada é imitação, senão aquilo que se assemelha a outra coisa; mas, indubitavelmente, as palavras não possuem qualquer tipo de semelhança com as ideias que representam.

Seção VII – Como as palavras influenciam as paixões

Agora, tendo em vista que as palavras causam emoções, não por algum poder original, mas pela representação, então podemos supor que suas influências sobre as paixões deveriam ser leves; no entanto, não é isso que ocorre; pois, percebemos por meio da experiência que a eloquência e a poesia são capazes, efetivamente, de causar impressões muito mais profundas e vívidas do que quaisquer outras artes e, em muitos casos, até mesmo mais do que a própria natureza. E isso decorre principalmente de três causas. Em primeiro lugar, tendo em vista que participamos de forma extraordinária das paixões dos outros, e que somos facilmente afetados e simpáticos a todos os sinais mostrados por eles; e tendo em vista que não existem outros sinais que expressam todas as circunstâncias da maioria das paixões tão plenamente como as palavras; logo, se alguém falar sobre qualquer assunto, não transmitirá apenas o tema para você, mas, da mesma forma, a maneira que ele é afetado pelo assunto. É certo que a influência da maioria das coisas sobre nossas paixões não é tanto das coisas em si, porém mais das opiniões relacionadas a elas; e isso depende muito das opiniões dos outros homens, as quais, em grande parte, somente podem ser transmitidas por meio das palavras. Em segundo lugar, há muitas coisas de natureza bastante comovente que raramente ocorrem na realidade, mas as palavras representadas por elas frequentemente o fazem; e assim, elas têm a oportunidade de causar uma profunda impressão e enraizar-se na mente, enquanto a ideia da realidade é transitória; e alguns talvez nunca tenham passado por certas coisas que, não obstante, causam bastante emoção, como a guerra, a morte, a fome etc. Além disso, muitas ideias nunca se apresentaram aos sentidos dos homens, senão por meio de palavras, por exemplo, Deus, anjos, demônios, céu e inferno e, apesar disso, todas elas exercem grande influência sobre as paixões. Em terceiro lugar, por meio das palavras temos ao nosso alcance o poder de fazer *combinações* que, se não fosse por elas, não conseguiríamos aglutinar.

Por esse poder de combinação podemos, pela adição de circunstâncias bem escolhidas, dar nova vida e força a objetos simples. Na pintura, podemos representar qualquer figura primorosa que desejarmos, mas nunca conseguimos dar a ela aquele toque vivaz, somente possível para as palavras. Para representar um anjo em uma figura, a única coisa que você pode fazer é desenhar um belo jovem alado. Mas, qual pintura conseguirá oferecer algo tão grandioso como a adição de apenas uma palavra como em "o anjo do *Senhor*?". É verdade que esta é uma ideia nada clara, mas as palavras afetam a mente mais do que a imagem sensível, que é tudo o que venho sustentando. Por exemplo, um quadro de Príamo arrastado até o pé do altar e ali assassinado, caso fosse bem executado, seria, sem dúvida, muito comovente, mas há circunstâncias bastante agravantes que a pintura nunca seria capaz de representar.

Sanguine fœdantem quos ipse sacraverat *ignes*.[153]

[[Do altar], os fogos *que ele havia santificado* com o próprio sangue.]

Vejamos mais um exemplo: os versos em que Milton descreve as viagens dos anjos caídos através de suas moradias sombrias:

O'er many a dark and dreary vale
They pass'd, and many a region dolorous;
O'er many a frozen, many a fiery Alp;

Rock, caves, lakes, fens, bogs, dens and shades of death,
A universe of death.[154]

[Passaram por vales escuros e sóbrios,
e por muitas regiões dolorosas;
muitos cumes congelados, muitos em fogo;
por rochas, grutas, lagos, antros, pântanos, mangues e sombras,
um universo de morte.]

Aqui é exibida a força da união em

Rochas, grutas, lagos, antros, pântanos, mangues e sombras;

que perderiam grande parte de seu efeito se não fossem

Rochas, grutas, lagos, antros, pântanos, mangues e sombras... da *morte*.

Essa ideia ou essa emoção causada por uma palavra, que nada, exceto uma palavra, consegue levar aos outros, gera um grau muito alto de sublimidade; e esse sublime é elevado ainda mais pelo que segue: um "universo

---

153. *Eneida*, II, 502.
154. MILTON, Jonh. *Paraíso Perdido*, II, 618-622.

de Morte". Aqui estão outras duas ideias que só podem ser apresentadas pela linguagem; essa união de ideias é extremamente grandiosa e incrível – se é que aquilo que não apresente nenhuma imagem à mente pode ser chamado de ideia –; mas, ainda assim, será difícil explicar como as palavras podem modificar as paixões que pertencem aos objetos reais sem representar claramente esses objetos. Isso é difícil para nós, porque, em nossas observações sobre a linguagem, não fizemos uma boa distinção entre a expressão clara e a expressão forte. Ambas são frequentemente confundidas uma com a outra, mas, na realidade, elas são extremamente diferentes. A primeira diz respeito ao entendimento; a segunda pertence às paixões. Uma descreve as coisas como são, a outra descreve como elas são sentidas. Agora, da mesma forma que um tom de voz emocionado, um semblante apaixonado e um gesto agitado causam emoções independentemente das coisas sobre as quais são aplicadas, também existem palavras, bem como certas disposições de palavras que – sendo especificamente empregadas em assuntos apaixonados e sempre utilizadas por aqueles que estão sob a influência de alguma paixão – elas nos tocam e causam emoções mais do que aquelas expressam o assunto em questão de maneira muito mais clara e direta. Entregamos à simpatia aquilo que desaprovamos na descrição. A verdade é que todas as descrições verbais, meramente descrições simples, embora nunca sejam tão exatas, transmitem uma ideia tão pobre e insuficiente da coisa descrita que dificilmente poderia causar o menor efeito, se o próprio orador não recorresse à ajuda dos modos de expressão que marcam um sentimento forte e vívido. Então, por contágio de nossas paixões, nos inflamamos por um fogo que já existe no outro, o qual, possivelmente, nunca poderia ter nos atingido pelo objeto descrito. As palavras, por transmitirem fortemente as paixões pelos meios já mencionados, compensam totalmente sua fraqueza em outros aspectos. Pode-se observar que línguas muito refinadas, as quais são elogiadas por sua clareza e compreensão superiores, geralmente possuem pouca força. A língua francesa tem esta perfeição, e aquele defeito. Já as línguas orientais e, em geral, os idiomas das pessoas menos refinadas, possuem grande força e energia expressivas; o que é bastante natural. As pessoas incultas são apenas observadoras comuns das coisas e não são críticas de suas distinções, mas, por essa razão, admiram mais e são mais atingidas por aquilo que veem e, portanto, se expressam de uma forma mais calorosa e mais apaixonada. Quando a emoção for bem veiculada, ela causará seus efeitos sem que haja uma ideia clara e, normalmente, sem que exista qualquer ideia da coisa que deu origem àquela emoção.

Por causa da fertilidade do assunto, poder-se-ia esperar que eu considerasse o sublime e a beleza na poesia de maneira mais genérica; mas devemos notar que isso já foi tratado várias vezes e de forma muito boa. Não estava em meus planos fazer a crítica do sublime e da beleza nas artes, mas tentar estabelecer princípios que pudessem afirmar, distinguir e criar uma espécie de norma para eles; para esses fins, achei melhor realizar uma investigação sobre as propriedades das coisas da natureza que geram o amor e o assombro em nós, bem como mostrar a maneira que operam para produzir essas paixões. As palavras foram aqui consideradas para mostrarmos por qual princípio elas são capazes de ser representantes das coisas naturais e por quais poderes são capazes de causar emoções, as quais são frequentemente tão fortes quanto as coisas que elas representam e, às vezes, muito mais.

***

Este livro foi impresso pela Gráfica Rettec
em fonte Minion Pro sobre papel Pólen Bold 70 g/m²
para a Edipro no inverno de 2021.